Ficha Catalográfica

(Preparada na Editora)

Baduy Filho, Antônio, 1943-

B129c   *Contos e Crônicas - Inspirados nas lições de "O Evangelho Segundo o Espiritismo"* / Antônio Baduy Filho, Espíritos Hilário Silva e Valérium. Araras, SP, 1ª edição IDE, 2019.

320 p.

ISBN 978-85-7341-746-3

1. Espiritismo 2. Psicografia - Mensagens I. Silva, Hilário. II. Valérium. IV. Título.

CDD-133.9
-133.91

Índices para catálogo sistemático:

1. Espiritismo 133.9
2. Psicografia: Mensagens: Espiritismo 133.91

Hilário Silva e Valérium
Psicografado por Antônio Baduy Filho

Contos e Crônicas

Inspirados nas lições de
O Evangelho Segundo o Espiritismo

volume 1

ide

ISBN 978-85-7341-746-3

1ª edição - agosto/2019

Copyright © 2019,
Instituto de Difusão Espírita - IDE

Conselho Editorial:
Doralice Scanavini Volk
Wilson Frungilo Júnior

Projeto e Coordenação:
Jairo Lorenzeti

Revisão de texto:
Mariana Frungilo Paraluppi

Capa:
Samuel Carminatti Ferrari

Diagramação:
Maria Isabel Estéfano Rissi

INSTITUTO DE DIFUSÃO ESPÍRITA - IDE
Av. Otto Barreto, 1067
CEP 13602-060 - Araras/SP - Brasil
Fone (19) 3543-2400
CNPJ 44.220.101/0001-43
Inscrição Estadual 182.010.405.118
www.ideeditora.com.br
editorial@ideeditora.com.br

Todos os direitos reservados. Nenhuma parte desta publicação pode ser reproduzida, armazenada ou transmitida, total ou parcialmente, por quaisquer métodos ou processos, sem autorização do detentor do copyright.

Sumário

Algumas palavras, *Espírito André Luiz* 9

Contos e Crônicas, *Espíritos Hilário Silva* e *Valérium* 11

Capítulo I - *Eu não vim destruir a lei*

1 - O mandamento 13
2 - Necessidade 15
3 - Dente por dente 17
4 - O casarão 19
5 - O chamado 21
6 - Monumento 23
7 - Fanatismo 25
8 - Aliança 27
9 - Opinião 29
10 - Construção 32
11 - Flagrante 34
12 - Luz 36
13 - Decepção 38
14 - O professor 40

Capítulo II - *Meu reino não é deste mundo*

15 - Vida futura 42
16 - Representante 44
17 - O argumento 46
18 - Curso superior 48
19 - Conveniência 50
20 - Realeza 51

21 - Preferência 54
22 - Viagem difícil 57
23 - O ombro 59
24 - Bem-estar 61
25 - Nova oportunidade 63
26 - Amadurecimento intelectual 65
27 - As pernas 67
28 - Senha 69

Capítulo III - *Há muitas moradas na casa de meu Pai*

29 - Reforma 71
30 - Moradas do Pai 73
31 - Descanso 75
32 - Rede de ensino 77
33 - Explicação 79
34 - Mundo melhor 81
35 - Mundo primitivo 83
36 - Início 85
37 - O peixe 87
38 - Tempo e esforço 89
39 - Outro mundo 91
40 - A assembleia 93
41 - Escuridão 95
42 - Queixas 97
43 - Qualquer lugar 99
44 - Expiação 101
45 - Aluno rebelde 103
46 - Futuro melhor 105
47 - O espelho 107
48 - Moradas 109
49 - Apetite 111
50 - Retorno 113
51 - O sonho 115
52 - Melhora 117

Capítulo IV - *Ninguém pode ver o reino de Deus se não nascer de novo*

53 - A dúvida 119
54 - Renascimento 121
55 - O bobo 123
56 - Regresso 125
57 - Ressurreição 127
58 - Veículo 129
59 - O lanche 131
60 - O traje 133

61 - As condições 135
62 - O curso 137
63 - A conclusão 139
64 - Encadernação 141
65 - Prejuízo 143
66 - Personagens 145
67 - Reencontro 147
68 - A Semelhança 149
69 - Pimenta no doce 151
70 - Lição 153
71 - Alívio 155
72 - Parentela 157
73 - Reciclagem 159
74 - Família 161
75 - Beleza 163
76 - Limite 165
77 - Sucata 167
78 - Outra oportunidade 169
79 - Castigo 171
80 - Clima de família 173

Capítulo V - *Bem-aventurados os aflitos*

81 - Injustiça 175
82 - Clareira 177
83 - O baile 179
84 - Desculpa inútil 181
85 - Nova experiência 183
86 - Acerto 185
87 - O aniversário 187
88 - Esclarecimento 190
89 - Consciência 192
90 - Ação e reação 194
91 - Dorotéia e Lúcio 196
92 - Direito de escolha 199
93 - O farol 201
94 - Crescimento espiritual 203
95 - O acabamento 205
96 - Felicidade completa 208
97 - A tendência 210
98 - Oficina 212
99 - Desconto 214
100 - Bem-aventurado 216
101 - A conversa 218
102 - Analogia 221
103 - Prato requetado 223
104 - Internação 226

105 - Qualquer sacrifício 228
106 - O mapa e a bússola 231
107 - O parafuso 233
108 - Coragem 235
109 - O fermento 237
110 - Medicação 240
111 - Infelicidade 242
112 - Merecimento 244
113 - Solução amarga 246
114 - Promoção 248
115 - Diálogo insistente 250
116 - Miopia 253
117 - Inveja 255
118 - Ilusão 257
119 - O pedido 259
120 - Causa 261
121 - Melancolia 263
122 - Resistência 265
123 - O remédio 267
124 - Sacrifício físico 269
125 - A multa 271
126 - O ciclista 273
127 - O minutinho 275
128 - Minuto a mais 277
129 - Disfarce 279
130 - Esperteza 281
131 - O auxiliar 283
132 - Bênçãos 285
133 - O cajá-manga 287
134 - Modelo 289

Capítulo VI - *O Cristo consolador*

135 - A canga 291
136 - O jugo 293
137 - Asa quebrada 295
138 - Aprendizes do bem 298
139 - A casa 300
140 - O Consolador 302
141 - A broca 304
142 - Consciência redimida 306
143 - O jornalista 308
144 - Bênçãos do Senhor 310
145 - Invenção 312
146 - Filhos prediletos 314
147 - Coisinha 316
148 - Consolo 318

Algumas palavras

Os companheiros Hilário Silva e Valérium nos oferecem nestas páginas preciosa colaboração ao estudo de "O Evangelho Segundo o Espiritismo".

Através de crônicas, em exposições rápidas e engenhosas e com a presença de personagens dando vida aos contos, tecem considerações aos ensinamentos de Jesus e aos comentários em torno deles, presentes em todos os capítulos desta obra que Allan Kardec situa na Codificação Espírita.

Sugiro a você, caro leitor, acompanhar estas páginas instrutivas e agradáveis, sentindo em cada leitura a vontade e o estímulo para viver as lições do Evangelho, com a bênção de Jesus.

ANDRÉ LUIZ

Contos e Crônicas

"O Evangelho Segundo o Espiritismo" é obra da Codificação Espírita, onde os ensinamentos de Jesus são comentados à luz das novas revelações espirituais.

Estudando todos os seus capítulos, apresentamos nestas páginas nossos comentários às lições evangélicas em dois modelos: crônicas de argumentação e linguagem objetivas; e contos, através de fatos e vivências de personagens, todos eles reais, mas devidamente protegidos pelo anonimato.

Convidamos você, leitor amigo, a estar conosco nessa nova jornada em busca do amor e do bem em nossas vidas, certos de que o Senhor nos ampara e abençoa.

HILÁRIO SILVA e VALÉRIUM

1
O MANDAMENTO

Cap. I – 1 e 2

— Eu sou eu, os outros que se arranjem. Esse é o meu mandamento.

João Cachoeira expressava seu ponto de vista sobre a vida. Era jovem. Desportista de sucesso. Prestígio na praça.

Acabara de vencer disputada partida de importante jogo. Estava exultante, cheio de si.

— Não é assim, João. O Evangelho nos ensina a solidariedade. Todos precisamos uns dos outros.

Quem contestava era Sebastião, companheiro de equipe e amigo íntimo.

O atleta, porém, respondia, visivelmente eufórico:

— Discordo. Eu me basto. Não preciso de ninguém.

Entusiasmado, levantou-se de mau jeito e deu um grito. Torceu o tornozelo. Mal podia andar, a dor era intensa. Não falou nada, mas os olhos pediam socorro.

O amigo aproveitou a oportunidade e observou, sorrindo:

– É coisa à toa, você é o maior, não precisa de ninguém.

João percebeu a lição, deu alguns passos vacilantes e aceitou o ombro do amigo. Contudo, não deixou de resmungar:

– Mas sou eu quem anda.

2
NECESSIDADE

Cap. I – 1 e 2

O professor ensinava a crianças inquietas e turbulentas. Para manter a disciplina, usou do nome e da autoridade do diretor da escola.

Enumerou reprimendas.

Alertou para reprovações.

Prometeu a convocação dos pais.

Falou em denúncia ao inspetor.

Referiu-se a provas difíceis.

Reprimiu contestações.

Proibiu troca de ideias.

Alegou motivos de expulsão.

Debaixo de ameaças, os alunos acataram a disciplina rígida. Entretanto, tempos depois, outro professor, mais graduado, revelou que o diretor da escola era tolerante e amigo. Embora exigisse atenção ao estudo, não condenava ninguém e dava a todos a oportunidade de se reabilitarem de seus erros.

*

Como o professor, Moisés, depois de ter recebido a Lei de Deus, utilizou-se também do nome e da autoridade do Senhor na elaboração de leis civis e transitórias, pela necessidade de disciplinar com rigor um povo incipiente no conhecimento das verdades espirituais.

Contudo, mais tarde, Jesus, cumprindo os mandamentos divinos, ensinou que Deus é amor e misericórdia, não condena e não se vinga, mas perdoa e permite a cada um ressarcir seus enganos, nos caminhos da evolução.

3
Dente por dente

Cap. I – 3 e 4

— Comigo é assim: olho por olho, dente por dente.

— Apenas um mal-entendido. Acalme-se, Henrique.

— Foi desatenção. Um abuso. Mereceu a reprimenda.

A conversa era entre Henrique Pedreira e Jonas Azevedo, quando saíam do restaurante. Amigos de longa data. Ambos espíritas. Temperamentos diferentes.

Durante o almoço, o pedido de Henrique viera errado. Discutira com o garçom. Exigira a punição do responsável.

Jonas, paciente, ainda ponderava:

— Um pequeno erro. Bastava explicar. Somos discípulos do Evangelho e não podemos esquecer a tolerância.

Contudo, mal acabara de pronunciar a última palavra, viu o amigo apressar o passo e gritar:

– Guincharam meu carro!

Logo a situação se esclareceu. O automóvel bloqueara o estacionamento de loja vizinha e o gerente fizera a denúncia.

Henrique, desconcertado, lamentava-se:

– Foi engano. Era só conversar. Eu atenderia.

Jonas não perdeu tempo e, recordando o atrito no restaurante, comentou, irônico:

– É o tal dente por dente. Alguém acaba mordido.

4
O CASARÃO

Cap. I – 3 e 4

O antigo casarão era verdadeiro patrimônio histórico.

> Monumento sólido.
> Alicerce seguro.
> Estrutura íntegra.
> Paredes resistentes.
> Soleiras firmes.
> Linhas bem definidas.
> Material de qualidade.
> Construção primorosa.

Com o tempo, porém, houve acréscimos indesejáveis, ditados pelas necessidades de cada época, desfigurando o projeto inicial.

Quando o engenheiro chegou, por ordem do governo, apareceram protestos com a suposição de que o representante oficial viera destruir o patrimônio arquitetônico.

Entretanto, quando o casarão surgiu restaurado, causou admiração pela beleza de sua arquitetura original.

*

Assim também o Evangelho, perante a Lei de Deus.

O Cristo não veio destruir a Lei Divina, mas livrá-la de distorções, que lhe foram acrescentadas pela conveniência humana.

E de tal forma Jesus ensinou e exemplificou o bem, que Sua palavra, em todos os tempos, é motivo de admiração pela grandeza do conteúdo.

5

O CHAMADO

Cap. I – 5 a 7

— Espiritismo, Espiritualismo, ismo daqui, ismo dali. Por que tantos nomes? É tudo a mesma coisa.

Jorge Gonçalves falava, exaltado. Era advogado talentoso. Cultura vasta. Boa prosa. Divertia-se, porém, provocando discussões religiosas.

— Você diz isso porque não conhece o assunto. O Espiritismo é diferente. É ciência, filosofia e religião. Tudo na mais perfeita harmonia.

A resposta, rápida e objetiva, vinha de Serafim Gonçalves. Médico humanitário. Espírita atuante. Estudioso da obra de Allan Kardec.

Eram irmãos e, naquela tarde, conversavam, durante o intervalo de importante jogo de futebol.

A discussão prosseguia, animada, quando se ouviu, em todo o estádio, o chamado insistente:

– Doutor Gonçalves, compareça ao serviço de som.

Os irmãos trocaram olhar surpreso, sem saber para qual deles seria o anúncio.

Em pouco tempo, os dois estavam no local indicado, e o funcionário explicou que era um recado urgente para o médico.

Serafim inteirou-se do assunto e, abraçando o irmão, aproveitou para encerrar a conversa polêmica:

– Olha, Jorge, ambos somos Gonçalves, mas temos características e atribuições diferentes. Isso também acontece com as religiões.

E despediu-se, sorrindo, enquanto o advogado, sem resposta, resmungava.

6
Monumento

Cap. I – 5 a 7

O monumento erguia-se majestosamente no topo da colina.

Construção magnífica.

Linhas arrojadas.

Blocos colossais.

Entalhes bem feitos.

Formato harmonioso.

Arquitetura grandiosa.

Inscrições difíceis.

Símbolos estranhos.

Os visitantes observavam com admiração a obra de arte, mas tinham dificuldade para compreender certos detalhes.

Veio, então, o guia para esclarecer os pontos obscuros, explicando os símbolos e interpretando as inscrições. Logo, todos puderam entender a obra de arte, herança do passado.

*

Assim também acontece no Evangelho com as parábolas abundantes e as expressões simbólicas.

O Espiritismo surgiu, assim, para esclarecer as dúvidas e, usando a chave do bom senso e da fé raciocinada, permitiu que todos compreendessem com clareza as palavras de Jesus.

7
Fanatismo

Cap. I – 8

— Deus vai me curar. Não tomo remédio. Não tomo, não tomo.

Julinha Pacheco falava, aos gritos, recusando o medicamento receitado pelo clínico.

Professora aposentada. Temperamento forte. Apego excessivo à religião. Tinha artrite nos pés e sofria dores intensas, mas não aceitava tratamento médico. Joana, a irmã dedicada, ainda argumentava:

— Julinha, fanatismo religioso está fora de moda. A Ciência é instrumento de Deus para nos ajudar. Tome o remédio.

A doente, porém, retrucava com irritação:

— Não acredito em Ciência. Acredito no Poder Divino. Pare de insistir.

A conversa acontecia na pequena sala da casa em que residiam. Dia ensolarado. Tarde quente. Julinha abanava-se com uma revista e gotas de suor brilhavam em seu rosto. Quis o ventilador.

Ao ouvir o pedido, Joana esboçou um sorriso e respondeu com ironia:

– Agora você acredita na Ciência. Nada de ventilador. Fique aí, suando. Espere a mudança do tempo.

E saiu da sala, enquanto a rebelde professora, sem argumento e contrariada, abanava-se com mais força.

8
ALIANÇA

Cap. I – 8

O lavrador acreditava em sua larga experiência. Fortaleceu o ânimo e trabalhou intensamente a terra.

    Eliminou pragas.
    Retirou tocos.
    Removeu raízes.
    Fez as covas.
    Jogou as sementes.

Entretanto, apesar de todo o esforço, a colheita não foi proveitosa. Veio, então, o técnico competente. Deu palestras e fez recomendações, oferecendo a própria colaboração.

    Examinou o terreno.
    Corrigiu desvios.
    Preveniu erosões.
    Distribuiu grãos.

O resultado superou as expectativas. O técnico, unindo a fé no trabalho do lavrador aos novos recursos, acabou promovendo colheita abundante, em benefício de todos.

*

Assim deve acontecer com a fé religiosa e o conhecimento científico.

O Espiritismo, que é o Consolador prometido por Jesus, submete a crença ao crivo da razão, permitindo a aliança da Religião com a Ciência, para que ambas, sem conflitos e sem intolerância, promovam a paz e o bem comum.

9
OPINIÃO

Cap. I – 9

Josias Pedreira tornara-se ardoroso adepto do Espiritismo. Embora jovem, acumulara apreciável leitura doutrinária.

Era presença certa em eventos espíritas. Conferências. Seminários. Confraternizações. Contudo, tinha forte tendência às discussões inúteis. Qualquer detalhe era motivo suficiente para a polêmica estéril.

Os companheiros tentavam corrigir-lhe a conduta. Ezequiel, o mais experiente, falava-lhe com sinceridade:

– Josias, discussões inoportunas são antipáticas e desagradáveis. O Espiritismo é o Evangelho Redivivo e apoia-se na caridade e no bom senso. Não combina com alfinetadas.

O jovem, porém, retrucava, incontinênti:

– Nenhuma ideia se propaga sem discussões e abalos. Creio que sou um mensageiro dessa agitação.

O amigo mais velho ponderava, com tolerância:

– Trocas de ideias são importantes para o esclarecimento de questões doutrinárias. Entretanto, a polêmica caprichosa conduz à desarmonia.

Josias, no entanto, era impermeável aos argumentos. Continuou provocando conflitos em reuniões, até o dia em que foi ouvir renomado orador. Conferência de alto nível. Recinto lotado. Público atento. Visitantes das redondezas.

Quase ao final da palestra, Josias aparteou o orador, sustentando o seguinte diálogo:

– O que o senhor pensa a respeito da reencarnação de Espíritos em corpos de outros seres da Natureza?

– Isso não acontece. A Doutrina Espírita é clara quanto à impossibilidade.

– Se fosse possível, qual seria sua opinião?

– É impossível. Não há dúvida quanto a isso.

Indiferente aos **murmúrios** à sua volta, Josias insistiu na pergunta:

– Mas, se fosse possível...

Não terminou a frase. O burburinho transformou-se em protesto alto. O orador pediu calma e disse com firmeza:

– Se fosse possível, eu teria uma opinião.

Surpresa geral. Silêncio completo. Após alguns instantes de expectativa, o conferencista retomou a palavra e afirmou, com calma:

– Se fosse possível, minha opinião é que você seria um pernilongo.

10
Construção

Cap. I – 9

Com grande alvoroço, o equipamento chegou ao canteiro de obras.

> Caminhões.
> Máquinas.
> Guindastes.
> Bate-estacas.
> Perfuratrizes.

O início da obra reclamava maquinário pesado e trabalho áspero.

> Definição da área.
> Preparo do terreno.
> Remoção de terra.
> Perfurações diversas.

Quando o alicerce e a estrutura estavam prontos, a construção começou a tomar a forma do projeto arquitetônico, com paredes, cobertura, revestimentos e instalações essenciais.

Entretanto, com o tempo, o prédio sofreu alterações e os técnicos vieram para restaurar a arquitetura original, fazendo os acréscimos exigidos pelos novos tempos.

*

Observe o exemplo da construção, para entender o progresso das lições espirituais.

Moisés fez o alicerce e a estrutura do conhecimento divino.

Jesus anunciou a Boa Nova e ergueu a morada do amor a Deus e ao próximo.

E, depois, o Espiritismo – Consolador prometido pelo Cristo – veio para corrigir as distorções, restabelecer a pureza original do Evangelho e acrescentar novas revelações para maior entendimento da vida espiritual.

11
FLAGRANTE

Cap. I – 10

Filomena Pimenta tinha inúmeras qualidades. Disposta. Trabalhadora. Disciplinada. Apesar de avançada em anos, mostrava energia de sobra. Muitas vezes, no entanto, era pirracenta. Qualquer aborrecimento era suficiente para mudança de humor.

Naquela tarde, no início das atividades assistenciais, a amiga Nena, presidente da instituição, convidou-a para conversar:

— Filomena, temos gente nova no grupo. Sei que você é muita ciosa de sua tarefa na distribuição da sopa, mas peço-lhe que faça de nossa irmã novata sua ajudante. Ensine o serviço. Acompanhe seus passos.

Filomena apertou os lábios. Nena, conhecendo o temperamento da amiga, prosseguiu com inflexão carinhosa:

– Ajudar alguém a servir com Jesus é tarefa meritória. Não fique contrariada. Abra o sorriso da fraternidade.

Entretanto, Filomena não escondia a irritação. Ficou longe da nova companheira. Não disse palavra. Era tão visível a contrariedade que, em dado momento, um dos meninos comentou em voz bem alta:

– Gente, a sopa não está boa para a tia Filó. Ela está com cara de quem comeu e não gostou.

Filomena enrubesceu e, sem jeito pelo flagrante da pirraça, resmungou qualquer coisa e foi saindo.

12
Luz

Cap. I – 10

A praça, às escuras, recebeu os benefícios da energia elétrica.

> Postes altos.
> Lâmpadas potentes.
> Claridade abundante.

Entretanto, com o tempo, negligência e depredações prejudicaram a iluminação da praça. Vieram, então, os técnicos para as providências necessárias.

> Esclarecimento do povo.
> Reforço da segurança.
> Conserto dos estragos.
> Extensão da rede elétrica.
> Aumento dos pontos de luz.

Logo, a praça ficou novamente iluminada, com grandes benefícios a todos.

*

Na história do Evangelho, acontece coisa semelhante.

Jesus anunciou a Boa Nova e iluminou corações. Contudo, no curso dos séculos, as lições evangélicas foram distorcidas e mutiladas, mergulhando nas trevas o conhecimento religioso.

Veio, então, o Espiritismo, e as vozes do Além falaram para corrigir os enganos e acrescentar novas revelações, devolvendo ao Evangelho a pureza original e trazendo de novo a luz das verdades espirituais.

13
Decepção

Cap. I – 11

Teotônio Lopes era bem conhecido. Pessoa simpática. Conversa agradável. Porte elegante.

Contudo, tinha aversão ao trabalho. A generosa herança que lhe coubera garantia renda confortável. Vivia de diversão em diversão. Além das noitadas, não havia festa ou baile que não contasse com sua presença.

Tal situação, porém, começou a sofrer abalos. Teotônio sonhava seguidamente com o pai. Recebia advertências. Ficou impressionado.

Procurou o amigo César, estudioso do Espiritismo. Pediu explicações. Relatou com detalhes os sonhos e suas preocupações.

– Do que se trata? Será um aviso?

César ouviu atentamente e, conhecendo o desregramento do amigo, respondeu de imediato:

– Seu pai quer ajudá-lo. Está na hora de mudar de vida.

Teotônio passou a frequentar os estudos espíritas e realmente se transformou. Assumiu os negócios. Cultivou responsabilidade. Moderou a vida social. Entregou-se ao trabalho diariamente.

Entretanto, tempos depois, César recebeu chamado urgente do amigo. Foi encontrá-lo em profundo abatimento.

– O que aconteceu? – indagou, preocupado.

– Não estou bem.

A resposta de Teotônio era quase um murmúrio. E o diálogo continuou:

– Está doente?

– Estou decepcionado.

– Decepção de quê?

– Naqueles sonhos, faltou um aviso.

César ficou surpreso e perguntou, curioso:

– Que aviso?

E Teotônio completou, com voz arrastada:

– Meu pai não me avisou que trabalhar é muito triste.

14
O PROFESSOR

Cap. I – 11

O professor chegou ao auditório e começou a ensinar.

> Esclareceu acidentes geográficos.
>
> Revelou costumes diferentes.
>
> Descreveu cidades estrangeiras.
>
> Falou da história das nações.
>
> Retratou oceanos longínquos.

E, ao final da palestra, comentou que todo o seu conhecimento era de livros e gravuras. Nunca visitara aqueles lugares. O público, entretanto, mostrou-se satisfeito e aplaudiu.

Algum tempo depois, o professor voltou à cidade e, no mesmo auditório, fez importantes revelações.

Citou viagens por vários lugares.

Corrigiu informações anteriores.

Confessou maior experiência.

Admitiu diversos enganos.

A plateia surpreendeu-se e logo começaram os cochichos. O professor não estava certo. Antes dissera uma coisa, agora dizia outra. Não era confiável.

*

Fatos assim acontecem conosco.

Temos informações teóricas sobre a vida de além-túmulo e somos respeitados. Entretanto, quando adquirimos, através do Espiritismo, maiores noções a respeito da dimensão espiritual, com fatos e detalhes descritos pelos próprios Espíritos, somos alvos de ironia e desconfiança.

15
VIDA FUTURA

Cap. II – 1 e 2

Expedito Santana gostava de viver. Boa aparência. Saúde em dia. Amante dos prazeres.

Muito estimado, era convidado garantido em qualquer festa. Dançava. Brincava. Contava casos. Era o centro das atenções.

Seu mundo festivo era tão intenso, que mal ligava para outros assuntos. O amigo Horácio, militante espírita, chamava-o à realidade:

– Expedito, é preciso cuidar também da alma. Entender o Evangelho de Jesus. Pensar na vida futura.

Entretanto, o festeiro incorrigível respondia com sorriso maroto:

– A vida que quero é essa.

Depois de muito tempo, apareceu a enfermidade. Expedito teve de abandonar as festas. Não saía de casa. A doença lhe impunha limitações.

Contudo, Horácio fazia-lhe visitas frequentes. Falava do mundo espiritual e da oportunidade da reencarnação.

O enfermo escutava atentamente. Absorvia os ensinamentos do amigo. Provocava respostas esclarecedoras. Até que, um dia, não aguentou mais e fez a pergunta que lhe tirava o sossego:

— Horácio, na vida futura existe festa?

O amigo balançou a cabeça e sorriu com resignação.

16
Representante

Cap. II – 1 e 2

O representante do curso superior foi ao encontro dos alunos da escola preparatória.

 Exaltou as vantagens da universidade.
 Explicou como atingir o objetivo.
 Garantiu o direito de todos.
 Sugeriu disciplina e trabalho.
 Ressaltou a dedicação ao estudo.
 Descreveu o ambiente acadêmico.
 Revelou novas oportunidades.

Ao final da palestra, foi aplaudido e aclamado o maior dos mestres. Contudo, o representante esclareceu que era realmente professor graduado, mas pertencia a outra instituição.

*

Este episódio tem semelhança com a passagem

do Cristo entre nós. Ele veio ao nosso encontro e falou da vida futura.

Ensinou o Evangelho.

Exortou à renovação íntima.

Exemplificou o amor e a caridade.

Tanto entusiasmo despertou entre os seguidores, que foi aclamado rei. Jesus, porém, reafirmou sua condição de mensageiro de Deus e não negou sua realeza, mas assegurou que Seu reino não era deste mundo.

17
O ARGUMENTO

Cap. II – 3

Joaquim Aleixo era cientista brilhante. Físico de formação. Gênio da matemática. Professor admirado. Dedicava todo o tempo às pesquisas. Não se interessava por outros assuntos.

Embora indiferente à religião, cultivava vasto círculo de amigos religiosos. Contudo, ignorava as questões filosóficas. Não se preocupava com a imortalidade da alma.

Justificava sua posição sempre com a mesma frase:

– Não tenho provas. Sou cientista. Faço experiências.

Certo dia, recebeu de Evaristo, amigo espírita, o convite para conhecer renomado médium psicógrafo.

Durante o encontro, foi agraciado por longa

mensagem do irmão, desencarnado há muitos anos. Nomes e datas. Assuntos íntimos. Notícias da vida espiritual. Assinatura idêntica.

Joaquim ficou chocado, mas o orgulho científico falou mais alto. Sustentou com o amigo tenso diálogo.

– Como o médium soube de tudo isso?

– O médium não sabe, é seu irmão.

– Como posso ter certeza?

– Analise e raciocine.

– Análise e raciocínio não são suficientes. Preciso ter os fatos nas mãos. Quero ver e tocar meu irmão.

– Você é cientista e estudou bastante os raios. Como conseguiu?

– Observando e fazendo deduções matemáticas.

– Tem certeza de suas conclusões?

– Certeza absoluta.

– Faça o mesmo com o conteúdo da mensagem. Observe e raciocine.

Nesse ponto, Evaristo calou-se. Ficou algum tempo pensativo. Depois, retomou a conversa e falou, sorrindo:

– Você nunca tocou um raio com as mãos.

18
CURSO SUPERIOR

Cap. II – 3

Ainda em tenra idade, o menino recebeu os primeiros ensinamentos.

    Noções de disciplina.

    Desenhos livres.

    Recursos visuais.

    Contas simples.

    Alfabetização.

    Conhecimentos genéricos.

Mais tarde, já na adolescência, com mais entendimento, pôde absorver novas lições.

    Cálculos complicados.

    Exercícios literários.

    Matérias complexas.

    Desenvolvimento da criatividade.

Adulto, após longo preparo básico, estava capacitado a frequentar a escola superior, onde as pesquisas, os experimentos pessoais e o aprofundamento do saber lhe permitiam dilatar a visão de mundo e a compreensão da vida.

*

Aplicando este exemplo à Humanidade, é fácil compreender a evolução do conhecimento religioso, desde os primeiros tempos até agora, quando a Doutrina Espírita se apresenta como curso superior de espiritualidade, com a qual se aprende que a morte não existe e que a verdadeira vida é a do Espírito.

19
CONVENIÊNCIA

Cap. II – 4

Manoel Silveira havia melhorado bastante, desde que se tornara espírita.

Era muito conhecido. Mecânico experiente. Boa pessoa. Coração generoso. Chegava às lágrimas diante da dor alheia.

Entretanto, tinha ainda momentos de descontrole. Irritava-se facilmente. Costumava dizer, franzindo as sobrancelhas:

– Não levo desaforo para casa.

Naquela noite, o grupo de estudos recebera a visita de conhecido conferencista. O tema proposto era o reino de Jesus. O inspirado orador arrematava suas palavras com ênfase:

– É preciso lutar contra as imperfeições. Superar

inferioridades. Vencer os impulsos negativos. É importante a renovação íntima para se alcançar o reino de Jesus. É verdade que ele não é deste mundo e ainda estamos distantes dele. Mas, com esforço e perseverança, chegaremos lá.

Depois da palestra, os companheiros se reuniram para confraternização e troca de ideias. Ambiente descontraído. Conversa animada. Clima de alegria.

De repente, Manoel Silveira elevou o tom de voz. Sentiu-se ofendido por alguém. Começou a discutir em altos brados. Os amigos agiram rápido, e um deles tocou de leve o braço do companheiro exaltado, segredando-lhe ao ouvido:

— Manoel, contenha-se. Onde está a tolerância? Você ouviu a conferência.

O mecânico, porém, ainda irritado, respondeu de imediato, conforme sua conveniência:

— Nada disso. Vou tirar satisfação. O conferencista disse que o reino de Jesus não é deste mundo, mas a ofensa é.

E voltou para a discussão.

20
REALEZA

Cap. II – 4

O atleta, desde muito cedo, mostrava rara habilidade com a bola. Tornou-se admirado jogador de futebol.

Dribles estonteantes.

Passes inteligentes.

Finalizações certeiras.

Deslocamentos precisos.

Chutes poderosos.

O atleta dominou de tal forma a modalidade do esporte, que recebeu o título de rei, sem qualquer contestação de colegas e adversários.

*

Este relato leva-nos à reflexão.

O Cristo, em sua passagem entre nós, foi o acontecimento mais extraordinário de todos os tempos. Jesus legou à Humanidade lições inesquecíveis de fraternidade.

Anunciou a vida futura.

Falou da bondade de Deus.

Exortou ao amor do próximo.

Ressaltou a necessidade do perdão.

Curou doentes.

Consolou os aflitos.

Ensinou aos doutores da Lei.

Esclareceu as multidões.

Contudo, quando foi aclamado rei, pela excelência de Seus ensinamentos, Sua realeza foi contestada, pois, na época e até hoje, sempre houve e há aqueles que não aceitam a existência de um reino em outro mundo, onde todo o poder está no amor e na caridade.

21
Preferência

Cap. II – 5

Benedito Antunes era de poucas palavras. Sistemático. Cerimonioso. Carrancudo. Detalhista, queria tudo bem explicado. Muito conhecido na cidade, todos sabiam de seu apego aos bens materiais.

Em certa ocasião, por insistência dos amigos, Benedito foi a uma conferência espírita, a respeito da vida após a morte. Ouviu atentamente as explicações e, no final da palestra, levantou o braço. Desejava mais esclarecimentos.

O conferencista atendeu, solícito, ao pedido e ocorreu o seguinte diálogo:

– A vida continua?

– Claro que sim.

– Quem garante?

– Temos experimentos e relatos.

– São confiáveis?

– São sérios e lógicos.

– Vida, de verdade?

– Sim, com certeza.

– Há comida?

– Em termos.

– Como assim?

– Alimentos mais leves.

– A gente dorme?

– Depende de cada um.

– Há bens?

– Os bens são morais.

– E casas?

– Há moradias.

Benedito foi contornando, até que chegou ao ponto que almejava. E perguntou:

– Existem propriedades?

E o conferencista, já desconfiado, respondeu com ênfase:

– Não como aqui.

Nesse momento, Benedito levantou-se e, surpreendendo os amigos, falou com certa irritação:

– Vida por vida, fico com esta aqui. Pelo menos, sou dono do que tenho.

E saiu do recinto.

22
Viagem difícil

Cap. II – 5

O homem observou a região e percebeu que a viagem não seria fácil.

Percurso tortuoso.

Caminhos estreitos.

Trilhas pedregosas.

Trechos ásperos.

Subidas íngremes.

Mata fechada.

Brejos inóspitos.

Campos extensos.

Animais perigosos.

Insetos perturbadores.

Entretanto, ciente de que, ao fim da viagem, encontraria abrigo seguro e alegria duradoura, teve ânimo para prosseguir o trajeto, entendendo que os obstáculos eram temporários, até que atingisse seu destino de paz.

*

A reencarnação também é jornada difícil.

Compromissos e responsabilidades.
Conflitos íntimos e familiares.
Dores físicas e enfermidades.

Contudo, o Espiritismo ajuda a compreender que, na experiência corpórea, a dificuldade, a dor e o sofrimento são simples etapas transitórias, necessárias e educativas, até que se alcance a felicidade e a paz da vida espiritual.

23
O OMBRO

Cap. II – 6

Vicente Correa fizera fortuna. Dono de empresa próspera. Trabalhador. Negociante sagaz.

Morava com todo o conforto em bela mansão. Constituíra família harmoniosa. Cidadão conceituado, tornara-se espírita em período difícil de sua vida. Frequentava as reuniões de estudo. Lia o Evangelho.

Contudo, era muito apegado aos bens materiais. Tinha enorme dificuldade de contribuir para a assistência fraterna. Embora conhecedor da excelência da caridade, vivia verdadeiro drama interior.

– Como dar aos outros o que é meu?... – dizia, intrigado, aos companheiros atônitos.

Bonifácio respondia pelo grupo:

– Estamos de passagem pelo corpo físico. Aprendizado para a vida espiritual. O que fazemos aqui tem reflexos em nosso futuro. Dar um pouco do que temos aos que nada têm é aquisição importante do Espírito.

O empresário, porém, contestava:

– O que é meu, é meu. Só serve para mim.

Correu o tempo. Vicente repetia sempre a mesma frase, quando procurado para colaborar com a assistência aos menos favorecidos.

Um dia, adoeceu gravemente. Paralisia na metade do corpo. Recuperação lenta. Quando, com certa dificuldade, voltou a andar, foi ao grupo de estudos. Ao final da reunião, levantou-se, mas vacilou no passo. Olhou para Bonifácio e pediu, com delicadeza:

– Você pode dar o ombro para me apoiar?

O amigo devolveu de pronto:

– Não posso, não!

A resposta seca caiu como bomba no ambiente. Silêncio. Constrangimento. Surpresa. Bonifácio, porém, recordando a antiga frase do amigo, completou sorridente:

– O ombro é meu. Só serve para mim.

A gargalhada foi geral. Daí por diante, contudo, Vicente tornou-se o maior colaborador da assistência fraterna.

24
BEM-ESTAR

Cap. II – 6

O automóvel tinha todas os recursos da tecnologia moderna.

Bancos confortáveis.

Volante regulável.

Painel completo.

Para-brisa amplo.

Travas e vidros elétricos.

Ar-condicionado.

Sistema de som.

Pneus macios.

Telefone móvel.

Prevenção de acidentes.

Entretanto, quando a estrada precária não permitiu o prosseguimento da viagem, o motorista não teve dúvida de abandonar o conforto do veículo e de utilizar outros meios para cumprir seu trabalho, dentro dos objetivos planejados.

*

Meditemos no exemplo acima, pois assim também deve acontecer conosco.

A Lei Divina permite todo o bem-estar que o trabalho digno e a inteligência podem conquistar, mas cada um deve estar ciente de seus compromissos e não fazer do conforto o único objetivo da vida.

25
NOVA OPORTUNIDADE

Cap. II – 7

— Ora, nascer de novo!... Isso é fantasia. O Espiritismo promete o impossível.

Agnelo Fernandes exaltava-se com o assunto. Era médico conceituado. Generoso com os pacientes. Clínico de experiência. Contudo, atrelado às ideias religiosas tradicionais, não aceitava a preexistência da alma.

Honório, colega de plantão naquela noite, respondia com lógica:

— As vidas sucessivas explicam a desigualdade no mundo. Resgate de erros pretéritos, novos aprendizados, aperfeiçoamento íntimo, tudo levando, pouco a pouco, à perfeição possível, dentro do plano divino de evolução espiritual. Isso é a justiça, é a misericórdia de Deus.

O médico, porém, retrucava, rápido:

– Nada de vida anterior. Cada corpo com sua alma e ponto final.

Nesse momento, a conversa foi interrompida pela recepcionista da Clínica. Atendimento de urgência. Caso grave. Cliente conhecido. Ambos se apressaram.

Após os exames e os procedimentos de alívio, Agnelo dirigiu-se com bondade ao paciente:

– Você não devia ter abandonado o tratamento. Agora, tem nova oportunidade. Aproveite.

Logo que saíram, Honório mal pôde esperar para dizer com seriedade:

– Muito engraçado!... Deu nova oportunidade ao cliente, mas não a admite para a alma em outras vidas. Você se acha melhor do que Deus?

E estugou o passo, deixando para trás o colega surpreso e calado.

26
Amadurecimento intelectual

Cap. II – 7

O astrônomo, em conferência no curso avançado, falou sobre o Universo com riqueza de detalhes.

Sistema planetário.

Características do Sol.

Evolução da Terra.

Posição na galáxia.

Mundos vizinhos.

Equilíbrio de forças.

Aglomerados estelares.

Por fim, referiu-se às leis existentes no Universo, e os estudantes, agora mais preparados no aspecto intelectual, puderam compreender o que, em anos anteriores, conheceram de maneira incompleta.

*

A evolução do conhecimento religioso não é diferente.

O Cristo ensinou o que podia ser entendido em sua época, mas prometeu enviar, mais tarde, o Consolador que lhe completasse os ensinamentos. E o Espírito de Verdade, na Codificação Espírita, alargou os horizontes do entendimento espiritual.

O Espiritismo cumpre, pois, a promessa de Jesus, e Suas lições são compreendidas pela Humanidade de hoje, intelectualmente mais amadurecida e, por isso, capaz de perceber o que, antes, era inexplicável.

27
As pernas

Cap. II – 8

Genésio Cintra tinha fama. Orador inflamado. Vasto conhecimento do Espiritismo. Retórica apurada. Era presença desejada e admirada em congressos e confraternizações espíritas.

De público, mostrava humildade e comunicação fácil. Contudo, quem tinha a ocasião de conhecê-lo mais de perto se surpreendia com suas atitudes. Não escondia a arrogância. Achava-se superior aos outros. Criticava os confrades menos esclarecidos. Faltava com a caridade aos companheiros.

Jeremias, o amigo mais chegado, alertava-o para as futuras consequências de sua conduta. O orador, no entanto, dizia, com empáfia:

– Estou certo de que terei posição privilegiada no mundo espiritual.

Certa vez, durante o debate que sempre acontecia após suas brilhantes conferências, um dos presentes quis saber mais a respeito da vida além-túmulo.

– Como se chega bem no outro mundo? – perguntou, interessado.

– Cultivando as virtudes de que fala Jesus no Evangelho – respondeu, rápido, o orador.

O assistente prosseguiu o diálogo, indagando ainda:

– Quais as virtudes mais importantes?

– Caridade e humildade. São as pernas que nos conduzem no difícil caminho da transformação moral.

O público gostou da comparação e aplaudiu o orador com entusiasmo.

Quando a reunião foi encerrada, Jeremias aproximou-se de Genésio e lhe falou, ao pé do ouvido:

– Estou preocupado com seu futuro espiritual.

O arrogante conferencista fitou o amigo e retrucou, irritado:

– Por quê?

E Jeremias, disfarçando o sorriso, completou:

– Sem as duas pernas...

28
Senha

Cap. II – 8

O homem bem-vestido saiu do automóvel luxuoso e dirigiu-se ao prédio imponente.

Sala de espera ampla.

Público numeroso.

Distribuição de senhas.

Atendimento eficiente.

Funcionários solícitos.

Serviço organizado.

Contudo, inconformado com a perspectiva de espera, o homem encaminhou-se ao balcão e pediu providências.

Alegou ocupações.

Reclamou da demora.

Arguiu sua posição de importância.

Mostrou cartas de apresentação.

Solicitou atenção especial.

Exigiu privilégios.

O funcionário ouviu com paciência as queixas e, gentilmente, respondeu que, naquele momento, o que valia era a senha em seu poder.

*

Este fato permite profunda reflexão.

Estagiamos na existência física acumulando facilidades.

Alimentamos egoísmo e orgulho.

Cultivamos vaidade e exigências.

E se a morte nos transfere para a dimensão espiritual, imaginamos manter os privilégios, quando, diante da Lei Divina, o que realmente vale é a senha do bem realizado.

29
Reforma

Cap. III – 1 e 2

Renato Seixas nunca estava satisfeito. Reclamava de tudo. Morador antigo da cidade. Residência confortável. Bairro aprazível.

Contudo, ultimamente vivia reclamando da casa.

– É inabitável – dizia a Josué, que o visitava naquela tarde.

– Não me parece – respondeu, timidamente, o amigo que lhe conhecia o temperamento.

Ambos estavam bem acomodados na sala de visitas. Ambiente agradável. Móveis de estilo. Sofás macios.

O dono da casa retomou a palavra, e a conversa prosseguiu:

– Sala sufocante.

– É bem arejada.

– Janelas pequenas.

– Têm abertura suficiente.

– Portas estreitas.

– Dão boa passagem.

– Pé-direito baixo.

– A altura é normal.

– Precisa de reforma.

As reclamações de Renato se foram sucedendo até que o companheiro o interrompeu:

– Sua casa é ótima, mas há outra morada que exige reforma urgente.

O reclamante avivou-se e perguntou, curioso:

– Onde?

E o amigo concluiu, despedindo-se:

– Dentro de você.

30
Moradas do Pai

Cap. III – 1 e 2

A cidade, à noite e vista do alto, era tapete salpicado de luzes.

Casas.

Mansões.

Casebres.

Apartamentos.

Condomínios.

Favelas.

Hospitais.

Penitenciárias.

Asilos.

Escolas.

Escritórios.

Teatros.

Cada uma dessas localidades abrigava situações de vida diferentes.

Conforto e saúde.

Miséria e doença.

Conhecimento e paz.

Ignorância e aflição.

Contudo, o governante da cidade estava sempre atento a fim de que não faltasse aos habitantes o bem-estar necessário.

*

Assim também acontece com o céu recamado de estrelas.

Inúmeros mundos, espalhados no espaço infinito, abrigam a Humanidade universal, em diferentes estágios de evolução. Desde os planetas primitivos até os mundos divinos, o Espírito sofre e aprende, em busca do aperfeiçoamento íntimo.

E o Pai, Criador do Universo, está sempre atento às Suas moradas, para que cada criatura tenha a oportunidade de progredir, a caminho da perfeição.

31
Descanso

Cap. III – 3 a 5

Matilde Dantas tinha família numerosa e complicada. Dificuldades. Conflitos. Problemas constantes. Além das tarefas domésticas, passava quase todo o tempo na máquina de costura, para manter a casa. O marido nervoso e os filhos rebeldes não mostravam o menor interesse em serviço. Era espírita. Frequentava o grupo de estudos. Tinha a admiração de todos por sua conduta resignada.

Naquela tarde, porém, estava tensa e desabafava com Genoveva, antiga companheira e experiente doutrinadora.

– Já não suporto tanta luta – dizia, em lágrimas, à amiga.

Genoveva, que lhe conhecia a situação familiar, sentia pena, mas procurava elevar-lhe o ânimo:

– Não se desespere. Confie em Jesus, que lhe dará forças e perseverança.

A costureira, porém, não conseguia conter o pranto e prosseguia:

– Sou grande devedora perante a Lei Divina. A família é meu castigo. Ninguém trabalha. Ninguém tem compaixão.

A companheira procurou mudar o rumo da conversa e argumentou:

– Lembre-se de nossos estudos. As muitas moradas na casa do Pai. A Terra é mundo de expiações dolorosas, de sofrimento e dor. Contudo, há mundos de regeneração, onde podemos descansar e haurir novas forças, após as provações mais difíceis.

Matilde animou-se. Enxugou o rosto. Quase esboçou um tímido sorriso e comentou:

– Espero ter esse merecimento. Dedicarei todo o meu esforço, para cumprir as provações e ir para um mundo assim, mas...

Não completou a frase. Olhou fixamente a amiga e arrematou com convicção:

– Quero muito ir para o mundo de regeneração, mas sem a família.

32
REDE DE ENSINO

Cap. III – 3 a 5

Para a conquista do aprendizado, a criança percorreu longa trajetória, até que se tornasse o adulto bem formado.

    Frequentou a iniciação infantil.

    Esteve na pré-escola.

    Estudou as matérias fundamentais.

    Passou pelas classes intermediárias.

    Fez cursos preparatórios.

    Foi à Universidade.

    Dedicou-se a seminários intensivos.

    Estagiou em disciplinas específicas.

    Aperfeiçoou conhecimentos.

    Atingiu a pós-graduação.

O extenso percurso exigiu esforço e trabalho, perseverança e sacrifício. Contudo, só foi possível pela existência de inúmeras instituições de ensino, cada qual com ensinamentos necessários às diversas fases do aprendizado.

*

A evolução do Espírito acontece da mesma forma.

Os vários mundos da Criação Divina são colégios, onde se processa o progresso da alma humana, cada um ofertando as lições adequadas a determinada etapa da evolução. Mundos primitivos e mundos divinos são polos dessa grande rede de ensino, onde o amor e a sabedoria constituem a mais autêntica pós-graduação.

33
EXPLICAÇÃO

Cap. III – 6 e 7

Zeferino Reis não trabalhava. Vivia de rendas da família e resistia a todos os apelos ao trabalho útil.

Era fascinado por astronomia. Em noites de céu limpo, passava horas a observar os astros. Cultivava o sonho de morar em outros pontos do Universo.

Com o tempo, a ideia foi ficando cada vez mais forte, até que, um dia, ao final da reunião mediúnica, Zeferino resolveu consultar o orientador espiritual.

– Nobre benfeitor – começou a dizer –, a Terra é lugar muito ruim para viver. Doenças, sofrimentos, lágrimas, misérias...

– É verdade – concordou o emissário do Alto.

E o diálogo prosseguiu:

– Não quero mais nascer aqui.

– É natural que queira melhorar.

– Desejo reencarnar em outro planeta. Mais evoluído.

– É possível.

– Como conquistar esta oportunidade?

O benfeitor silenciou por alguns segundos e, logo, começou a explicação:

– É preciso trabalhar...

Nesse momento, Zeferino atropelou a fala do orientador e disse, aflito:

– Pensando bem, a Terra não é tão ruim assim. Fico por aqui mesmo.

E continuou sem trabalho. Nunca mais tocou no assunto.

34
Mundo melhor

Cap. III – 6 e 7

Na assembleia das nações, o embaixador expôs com detalhes a situação difícil de seu país.

Secas e enchentes.

Incêndios em florestas.

Inundações destruidoras.

Plantações perdidas.

Ambiente de violência.

Crimes repetidos.

Bolsões de fome e miséria.

Doenças endêmicas.

Clima de ruína.

Contudo, embora descrevesse um quadro calamitoso, ressaltou que o dirigente maior de seu povo estimulou a formação de grupos de ajuda com o objetivo de restaurar a paz, manter o ânimo de todos, vencer as adversidades e, pelo envolvimento de cada um na própria renovação íntima, transformar o país em morada mais digna e mais justa.

*

Este cenário lembra a Terra, como planeta de provas e expiações. Nosso mundo é testemunha de provações angustiantes.

Problemas de difícil solução.

Enfermidades dolorosas.

Conflitos constantes.

Entretanto, o Senhor de Infinita Misericórdia permite que existam, espalhados pelo mundo, núcleos de irmãos comprometidos com o bem, trabalhando e servindo, amando e perdoando em Seu nome, a fim de que, pela transformação moral de cada um, a Terra se torne, no futuro, um mundo melhor, com a paz e a felicidade ao alcance de todos.

35
Mundo primitivo

Cap. III – 8

Jeziel Campos era muito conhecido na pequena cidade. Morador antigo. Temperamento explosivo. Pouca conversa. Respostas secas. Bom profissional e competente sapateiro, tinha freguesia certa.

Contudo, era avesso à convivência social. Por tal motivo, foi surpresa para todos quando Jeziel tornou-se espírita. Frequentava reuniões. Participava do grupo de assistência.

Bernardo, o dirigente da instituição, dizia-lhe com amizade:

– Jeziel, isso é progresso. Você evoluiu.

O sapateiro apenas sorria e não falava nada. Prosseguiu participando dos estudos e das palestras de oradores convidados.

Numa destas conferências, quando foi citado como exemplo de transformação íntima, todos os olhares convergiram para ele. Sorrisos. Sussurros. Comentários.

Jeziel sentiu-se incomodado. Levantou o braço e interrompeu o conferencista, mantendo com ele o seguinte diálogo:

– Senhor orador, não concordo que eu tenha melhorado de vida.

– Como não? Você saiu de um mundo interior fechado e primitivo. Hoje se tornou mais aberto aos relacionamentos. Está em mundo melhor.

– Penso que piorei muito.

– Por que pensa assim?

– Antes, no meu próprio mundo, eu era respeitado. Hoje, sou motivo de comentários, chacotas.

E para espanto de todos, levantou-se para sair e arrematou com irritação:

– Para mim, este é o mundo primitivo.

36
Início

Cap. III – 8

A instituição era destinada a crianças de tenra idade, em fase inicial de aprendizado.

Horários flexíveis.

Tempo de folguedos.

Recreios liberais.

Períodos de repouso.

Jogos de relaxamento.

Exercícios de motivação.

Cantigas em conjunto.

Brincadeiras instrutivas.

Ensinamentos dosados.

Durante todo o tempo, as crianças tinham a companhia atenciosa de professores maternais, que lhes ensinavam as lições básicas e protegiam-nas dos impulsos ainda sem controle, preparando-as para aprendizado superior, com novas etapas de trabalho em escolas mais avançadas.

*

Os mundos inferiores são salas de aula para os Espíritos na fase inicial da evolução.

Vida livre.

Instintos exaltados.

Contudo, embora ainda a condição selvagem, recebem o carinho e a proteção dos mensageiros do Alto, que os inspiram ao progresso com estímulos ao esforço e trabalho de aperfeiçoamento íntimo, pois, em qualquer parte do Infinito e em qualquer situação, Deus não desampara Seus filhos, na longa caminhada para a perfeição.

37
O PEIXE

Cap. III – 9

Isaías Monteiro era simpatizante do Espiritismo. Jovem ainda. Estudante. Sonhador. Entusiasta ardoroso do assunto referente à vida em outros planetas.

Naquela noite, fora ao ciclo de palestras para ouvir o tema de sua preferência. O conferencista, professor distinto e culto, abordava o capítulo terceiro de *O Evangelho Segundo o Espiritismo*, dissertando sobre os vários mundos habitados. O estudante não perdia uma palavra.

Após a conferência, em agradável encontro na casa de um companheiro, Isaías aproximou-se do professor e iniciou com ele interessante diálogo:

— Como é bela a vida nos mundos superiores.

— É verdade.

— Ausência do mal. Clima do bem.

– Com certeza.

– Corpo físico delicado. Vida longa. Sem enfermidades.

– Resultado da evolução.

– Gostaria de viver nesses mundos.

– Você não suportaria.

– Como assim?

O conferencista pensou por um momento. Em seguida, dirigiu-se a pequeno aquário, no canto da sala, e com rápido movimento pegou um dos peixes.

Enquanto o animal se debatia entre suas mãos, concluiu, bem-humorado:

– O peixe não consegue respirar na atmosfera leve. Precisa do ambiente mais pesado da água.

E, devolvendo-o a seu meio, completou, encerrando o assunto:

– Em razão de nosso atraso evolutivo, não temos condições de viver em mundo superior. O que melhor fazemos é cultivar o aperfeiçoamento íntimo e ir transformando a Terra, pouco a pouco, em lugar melhor.

Isaías calou-se e, a partir desse momento, começou a prestar mais atenção ao próprio mundo.

38
Tempo e esforço

Cap. III – 9

No início da reunião do conselho comunitário, foram mostradas as fotografias antigas da cidade.

Pequeno aglomerado de casas.

Poucas ruas.

Poeira e lama.

Inexistência de saneamento básico.

Desconhecimento de água tratada.

Ausência de eletricidade.

Locomoção difícil.

Transporte precário.

Em seguida, para efeito de comparação, os conselheiros projetaram o filme com cenas atuais da metrópole.

Arquitetura avançada.

Arruamento correto.

Avenidas pavimentadas.

Sinaleiros inteligentes.

Iluminação abundante.

Automóveis e caminhões.

Aeroporto movimentado.

Era tal o progresso e a transformação dos habitantes, que o morador da antiga aldeia, se fosse possível ser transportado subitamente à cidade moderna, ficaria surpreso e confuso. Não saberia viver nela.

*

Este exemplo leva-nos a refletir, mais uma vez, que a evolução demanda tempo e esforço, porque, se o habitante atual da Terra fosse guindado de repente a um mundo superior, é certo que não conseguiria compreendê-lo.

39
Outro mundo

Cap. III – 10

Jurandir Figueira era assíduo no grupo de assistência. Homem de posses. Comerciante de talento. Correção a toda prova. Honesto e sistemático, sua conduta era admirada por todos os que com ele conviviam. Negócios, só com extrema segurança.

Contudo, para servir um amigo, teve experiência desagradável. Sofreu prejuízo importante. Desde então, ficara amuado e triste. Guardara silêncio cerimonioso. Quando falava, era para tocar no assunto.

– Como pode uma pessoa agir assim? Um amigo... Vou processar esse trapaceiro – dizia com amargura e revolta.

Rodrigo, velho companheiro, procurava contornar a situação:

– A Terra é planeta de provas e expiações. Aqui,

estamos sujeitos a todo tipo de sofrimento, decepções, prejuízos. Um dia, teremos o merecimento de habitar um mundo mais feliz, onde não existe o mal.

Jurandir prestou atenção e sustentou o diálogo:

— E que dia será esse?

— Quando completarmos nossa transformação moral. Temos de aplicar em nós os ensinamentos de Jesus. Não basta ser honesto e sincero. É preciso também cultivar a bondade, a tolerância, o perdão.

— E o amigo também vai para esse mundo?

— Terá a oportunidade, se melhorar.

O comerciante ficou pensativo por um momento e logo prosseguiu a conversa:

— Vou me esforçar para seguir as lições do Evangelho.

— Agora, você está falando como espírita.

— Se eu não processá-lo, ele vai continuar enganando os outros.

Rodrigo não entendeu o argumento. Antes, porém, que dissesse algo, Jurandir explicou:

— Vou para esse outro mundo mais feliz, e ele que fique por aqui com suas trapaças...

40
A ASSEMBLEIA

Cap. III – 10

Interessados no progresso harmonioso, as nações se reuniram em importante assembleia.

Governantes.

Diplomatas.

Representantes de segmentos sociais.

Dirigentes de organismos civis.

As questões apresentadas foram discutidas em alto nível, sem animosidade e sem competição. Todas as partes cultivaram sentimentos elevados.

Espírito de solidariedade.

Cooperação mútua.

Anseio de melhoria própria.

Manifestações de harmonia.

Exaltação da paz.

Desejo de ser útil.

A assembleia mostrava absoluta ausência de ódio, inveja, orgulho e ambição de hegemonia, imperando o clima do bem comum, com fartas demonstrações de amor e fraternidade.

*

Momentos como esse, que ainda não acontecem espontaneamente na Terra, dão pequena amostra da vida nos mundos superiores, onde a atmosfera do bem é resultado do aperfeiçoamento íntimo de cada um, vencendo a si mesmo, sem a preocupação e o desejo de superar os outros.

41
Escuridão

Cap. III – 11 e 12

— Este mundo é muito triste. Lágrimas. Enfermidades. Sofrimento.

O desabafo era de Venâncio Seixas. Homem correto. Temperamento sensível. Bom companheiro nas tarefas assistenciais. Tinha, porém, uma dificuldade: medo de escuridão.

Benevides, o amigo de muitos anos, comentou, em resposta:

— O mundo é de provas e expiações. Aqui, todos trazemos mazelas a serem curadas. E um dos remédios é a dor. Nosso planeta não é colônia de férias, mas reformatório em que as provações dolorosas nos conduzem ao caminho do bem.

A conversa acontecia durante a assistência domiciliar, quando os companheiros visitavam os irmãos mais infelizes. Bairro carente. Ruas esburacadas. Casario pobre.

De repente, todas as luzes se apagaram por alguns minutos. O grupo parou de caminhar, e Venâncio começou a sentir-se mal. Falta de ar. Suores abundantes. Tremores.

Quando a energia voltou, o trabalho prosseguiu. Mais adiante, alguém explicou que fora defeito na usina de força. Benevides aproveitou a oportunidade para completar o raciocínio:

— Venâncio, assim como a escuridão nos ensina a valorizar a luz, também a Terra é estágio sombrio em nossa trajetória evolutiva, onde ganhamos experiência e aprendemos a buscar a transformação moral, para habitar, no futuro, os mundos superiores e iluminados.

Venâncio assentiu com a cabeça, mas observou com a voz ainda trêmula:

— Tomara que nesses mundos superiores as usinas não tenham defeitos.

42
Queixas

Cap. III – 11 e 12

O passageiro reclamava de tudo, mas fazia o melhor trecho da viagem.

Ônibus moderno.

Poltrona confortável.

Estrada segura.

Pista bem conservada.

Trânsito livre.

Sinalização completa.

Velocidade controlada.

Paisagem agradável.

Paradas estratégicas.

Postos de abastecimento.

Restaurantes e conveniências.

Assistência e fiscalização.

Contudo, quando, para chegar a seu destino, precisou trocar de condução e percorrer estrada precária, o passageiro queixoso reconheceu que antes reclamava sem razão.

*

Isto é o que acontece conosco na Terra.

Durante a viagem da vida física, recebemos a oportunidade do crescimento espiritual sob a forma de compromissos e responsabilidades e nos queixamos da lição do bem que nos alcança. Contudo, só quando atravessamos o trecho doloroso das provas e expiações, é que vamos perceber que nossas queixas eram descabidas.

43
Qualquer lugar

Cap. III – 13

O doutor Ninico Frota tinha fama merecida. Profissional íntegro. Clínico competente. Cirurgião hábil. Era admirado pela medicina que praticava. Passava noites e dias seguidos à cabeceira dos enfermos. Atendia a todos com igualdade. Caridoso, fizera-se a tábua de salvação dos pobres. Tão dedicado ao trabalho, que os pacientes lhe diziam com devoção:

— Doutor Ninico, o senhor é um anjo entre nós. Está aqui para nos proteger.

Contudo, o conceituado médico tinha suas dificuldades. Sofria de artrite rebelde que o atormentava, de quando em quando, com crises dolorosas e prolongadas. Em uma dessas ocasiões, Ninico, que era simpático ao Espiritismo, foi visitado por Rogério, espírita conhecido da cidade. A certa altura da conversa, lamentou sua situação e manteve amargurado diálogo com o amigo:

– Quero voltar ao trabalho, mas a dor me limita.

– A crise vai passar, como de outras vezes. É questão de tempo.

– Tanta gente precisando de mim, e mal posso me mexer.

– É dívida do passado, doutor. E o senhor está pagando com resignação e amor ao próximo. Alma boa, como é, vai reencarnar, na próxima existência, em mundo mais feliz.

– Não faço questão de mundo melhor. Pode ser até pior. Qualquer lugar, Rogério, qualquer lugar.

Fez uma pausa. Acariciou o pé inchado e vermelho. Em seguida, desabafou com tristeza:

– Qualquer lugar, mas sem reumatismo.

44
EXPIAÇÃO

Cap. III – 13

O técnico competente, porém em dívida moral com a empresa, foi deslocado para o serviço em terras inóspitas.

Regiões de mata fechada.

Trechos desérticos.

Zonas pantanosas.

Sol causticante.

Temporais repentinos.

Animais ferozes.

Répteis venenosos.

Insetos vorazes.

Doenças endêmicas.

Habitantes hostis.

Malfeitores perversos.

A vida difícil, castigada pela Natureza áspera e a população incompreensiva, trazia-lhe sofrimento e reflexão, permitindo-lhe ver conduta mais apropriada.

Cultivou paciência e tolerância.

Demonstrou solidariedade.

Executou com esforço seu trabalho.

E, conquistando novamente a confiança dos superiores e o respeito de todos, mereceu promoção e transferência para localidade mais amena.

*

Fato semelhante ocorre em nosso planeta.

Espíritos com inteligência avançada, mas com vícios morais, reencarnam sucessivas vezes na Terra, onde enfrentam momentos de dor e adversidades em expiações severas.

Reconhecem, então, a necessidade de mudança interior e, com a transformação moral, ganham o respeito e a admiração do próximo, galgando posição mais elevada e conquistando o direito de transferência para mundos mais felizes.

45
ALUNO REBELDE

Cap. III – 14 e 15

Ladislau Monteiro era intelectual reconhecido. Professor prestigiado. Conferencista de renome. Embora espírita, cultivava ideias errôneas a respeito de questões doutrinárias e não participava de tarefas assistenciais. Lidava apenas com livros, artigos, palestras. Orgulhava-se de sua condição diferenciada. Dizia com empáfia:

– Não pertenço a este planeta, sou de mundo mais evoluído e estou aqui para ensinar aos que se arrastam no atraso.

Certa vez, durante uma conferência, o professor foi aparteado por veterano militante da Doutrina Espírita, seguindo-se interessante diálogo:

– Professor, o Espiritismo ensina que a Terra é escola abençoada.

– Sim, é verdade.

– Local para o aprendizado amplo do Espírito, com base nos ensinamentos de Jesus.

– Não há dúvida.

– Escola para desenvolver a inteligência e aprimorar as qualidades do coração.

– Está certo.

– O senhor é também aluno desta escola.

O conferencista hesitou por um instante, mas logo respondeu com arrogância:

– Em certo sentido sim, mas sou professor, preparado para ensinar.

– O senhor visita os infelizes para lhes dar uma palavra de consolo?

– Não me sobra tempo.

– Não reparte o pão e a roupa aos necessitados?

– Estou sempre ocupado.

– Então, o senhor...

O velho tarefeiro interrompeu a frase. Olhares interrogativos. Clima de expectativa. Sussurros. O professor quebrou o silêncio, quase aos gritos:

– Então, o quê?

– Então, o senhor é aluno rebelde na escola.

O conferencista carregou a fisionomia, deu um murro na mesa e encerrou a conferência.

46
Futuro melhor

Cap. III – 14 e 15

A instituição, que abrigava os devedores da lei, não oferecia vida agradável.

Ambiente hostil.

Clima insalubre.

População perversa.

Contudo, além do degredo obrigatório, os candidatos à reabilitação tinham inúmeras oportunidades de aprendizado e renovação.

Palestras educativas.

Cursos técnicos.

Oficinas especializadas.

Escolas de arte.

Formação cultural.

Estudos de literatura.

Artesanato.

Prestação de serviços.

Estímulo ao trabalho.

A instituição permitia que os ofensores da lei humana resgatassem as faltas cometidas e, ao mesmo tempo, favorecia a aquisição de conhecimentos e experiência, transformando o tempo de punição em estágio de progresso.

*

Algo semelhante acontece na Terra.

Espíritos rebeldes ao Código Divino são exilados em mundos de provas e expiações, para resgatar dívidas morais e adquirir novos valores, em contato com as dificuldades e sofrimento.

A misericórdia de Deus permite aos infratores da Lei Divina que redimam o passado delituoso e, ao mesmo tempo, preparem futuro melhor, desenvolvendo a inteligência e aprimorando as qualidades do coração, fazendo do exílio doloroso oportunidade de crescimento espiritual.

47
O ESPELHO

Cap. III – 16

Valter Benevides era apaixonado por astronomia. Mal chegava a noite, lá estava ele grudado ao telescópio. Adorava ver os astros. Espírita, tinha consciência dos vários mundos habitados.

Moço inteligente. Bom preparo. Trabalhador correto. Contudo, era instável seu modo de ser. Ora estava alegre e comunicativo. Ora carregava a fisionomia e não cumprimentava até mesmo os mais próximos.

Certo dia, quando cortava o cabelo com o amigo Euclides, o assunto veio à baila. Era visível seu mau humor. Começou a falar, sempre com a atenção do cabeleireiro, também adepto do Espiritismo. E o diálogo aconteceu.

— Estou desgostoso.

— Qual o problema?

– Não suporto viver neste mundo.

– A Terra é planeta de provas e expiações, onde pagamos nossas dívidas do passado e construímos com Jesus um futuro melhor.

– Gostaria de resgatar meus débitos em mundo mais feliz. Quero paz, compreensão, harmonia.

– Acho que não dará certo.

– Por que não?

– Olhe-se bem no espelho.

Valter ficou irritado. Após um instante de silêncio, comentou com rispidez:

– E daí?

Euclides, sempre amável, explicou, sorridente:

– Com essa carranca, logo estará de volta.

48
MORADAS

Cap. III – 16

A instituição de saúde da comunidade constituía-se de inúmeras edificações, distribuídas por grande área. Cada prédio abrigava atividades específicas.

Exames iniciais.

Prevenção.

Tratamentos de rotina.

Casos especiais.

Síndromes agudas.

Enfermidades crônicas.

Doenças rebeldes.

Setor de isolamento.

Procedimentos complexos.

Alas de recuperação.

As atividades se desenvolviam debaixo de regulamentos próprios, os quais se submetiam às regras maiores da instituição, que planejava e determinava os procedimentos necessários à cura de cada um.

O resultado era o progresso e o bem-estar de todos.

*

Assim também as moradas do Pai. Cada mundo é edificação divina, destinada à evolução espiritual.

Mundos primitivos para a alma recém-criada.

Mundos de provas e expiações para os Espíritos rebeldes.

Mundos regeneradores para os que se submetem aos ditames da Lei.

Mundos ditosos aos que alcançaram a cura das imperfeições morais.

É desta forma que o Código Divino oferece os meios ao crescimento íntimo, a fim de que o Espírito imortal, atingindo o limiar da perfeição, possa entender a grandeza de Deus e louvar sua infinita bondade.

49
APETITE

Cap. III – 17 e 18

Januário Costa adoecera. Homem simples. Gentil. Amigo de todos. Frequentara pouco a escola, mas comparecia com assiduidade aos estudos do Grupo Espírita. Fizera nome, entre os companheiros, pela disposição ao trabalho assistencial e também pelo enorme apetite. Não recusava nenhum prato.

Naquela tarde, recebia a visita de um amigo. Um trecho da conversa chamou a atenção.

— Não me sinto bem.

— Vai melhorar, Januário.

— Mal posso comer.

— É questão de tempo. As dificuldades nos preparam para dias melhores.

— Dias melhores?

– Com certeza. Na Terra, passamos por expiações que nos levam à renovação íntima. Superadas as imperfeições, vamos viver em mundo mais feliz.

– Mundo feliz?

– Sim. Um mundo sem sofrimento, sem ódio, sem doenças, sem as misérias que presenciamos aqui. Um mundo diferente de nosso planeta.

– Quer dizer, sem as coisas da Terra?

– Sem as necessidades da matéria grosseira.

O doente calou-se e baixou os olhos. O visitante notou-lhe a reação negativa. Quis saber o motivo. Januário falou com voz quase sumida:

– Acho que esse mundo não é tão feliz.

E ante a surpresa do amigo, completou:

– A comida não deve ser boa.

50
Retorno

Cap. III – 17 e 18

O doente chegou ao hospital em estado grave e foi encaminhado, às pressas, para cirurgia extensa e complicada. Na unidade de tratamento intensivo, o pós-operatório foi extremamente doloroso.

Posição incômoda.

Aparelhos ligados ao corpo.

Sondas diversas.

Tubos nas veias.

Manuseio constante.

Manobras desagradáveis.

Controles repetidos.

Ambiente restritivo.

Depois de algum tempo, o doente melhorou e foi transferido para outro setor do hospital.

Lugar amplo e arejado.

Leito agradável.

Ausência de desconforto.

Entretanto, o paciente não suportou a disciplina da convalescença e cometeu abusos, necessitando retornar ao tratamento rigoroso, do qual acabara de sair.

*

Este relato guarda alguma semelhança com um momento da saga evolutiva.

Após bem-sucedidas experiências em planetas de provas e expiações, o Espírito ganha a oportunidade de renascer em mundos regeneradores, onde a vida é mais feliz, aí prosseguindo sua evolução. Contudo, se não é capaz de manter as conquistas adquiridas e recai em antigos erros, volta aos mundos expiatórios, para experimentar de novo o sofrimento e a dor, consolidando, através das provações, seu aprendizado nos caminhos do bem.

51
O SONHO

Cap. III – 19

João Louveira era bem conhecido. Teimoso. Sisudo. Prosa reduzida.

Pouco ligava a si mesmo. Cabelo alvoroçado. Barba por fazer. Raramente, banho. Troca de roupa, de vez em quando.

Sapateiro, não se firmava no trabalho. Fazia um ou outro serviço, em troca de sobrevivência precária. Familiares e companheiros tentavam convencê-lo da inconveniência, mas em vão.

Estanislau, alfaiate e amigo mais chegado, insistia:

— João, o corpo é morada transitória do Espírito e mostra o que somos por dentro. Merece respeito e trato. É preciso mudar a cabeça. Pensar elevado. Viver com dignidade.

O sapateiro, porém, retrucava, contrariado:

– Sou assim. Ninguém se incomode.

Foi, portanto, enorme surpresa quando João Louveira mudou de vida. Sapataria aberta. Trabalho constante. Bem cuidado. Transformação admirável.

A curiosidade era geral. João, contudo, não dava explicações. Estanislau cobrou fidelidade ao amigo, e a verdade surgiu na conversa.

– O que aconteceu? – interrogou o alfaiate, aflito.

– Tive um sonho – disse o sapateiro, sério.

E o diálogo se prolongou com nova pergunta do companheiro:

– O que viu?

– Eu me vi como antes.

– Barba grande?

– E também o cabelo.

– A roupa encardida?

– E o corpo sujo.

– Você sempre foi assim. O que tem isso a ver com sua mudança?

João, envergonhado, baixou os olhos e explicou:

– Senti minha própria catinga.

52
MELHORA

Cap. III – 19

As condições de vida da família causavam desolação a qualquer visitante.

Casa desarrumada.

Quintal infestado de pragas.

Lixo acumulado.

Cozinha sem cuidados.

Roupas encardidas.

Cômodos sujos.

Insetos e roedores.

Ambiente insalubre.

Crianças enfermas.

Adultos indiferentes.

Entretanto, quando os familiares receberam esclarecimento para as melhorias necessárias, eles mesmos tomaram as providências cabíveis e transformaram a habitação em local limpo e seguro, experimentando o conforto e a alegria que ainda não haviam conhecido.

*

Tal como nesse exemplo, os mundos também melhoram de acordo com o progresso de seus moradores. A evolução do Espírito, em sucessivas reencarnações, conduz ao crescimento moral e da inteligência, que se reflete no ambiente em que vive.

O roteiro das mudanças está no Evangelho de Jesus e, por isso mesmo, a Terra, ainda planeta de provas e expiações, só se transformará em mundo mais justo e mais feliz quando cada um se convencer de que a própria felicidade é resultado da felicidade dos outros.

53
A DÚVIDA

Cap. IV – 1 a 3

Júlio Moreira falava muito de reencarnação. Era moço ainda. Porte altivo. Maneiras refinadas. Dicção impecável.

Entretanto, não era satisfeito com o corpo físico. Rugas precoces e lábios exagerados davam-lhe aparência desagradável, em contraste com a postura nobre.

— Conheço minhas vidas passadas, já pertenci à realeza – dizia ele com uma ponta de orgulho.

Naquele dia, durante as atividades assistenciais, o jovem tocava em seu assunto predileto. Volta e meia, fazia relatos de suas supostas vidas anteriores.

Hortêncio, companheiro mais velho do grupo, ponderava:

— A reencarnação é bênção divina. Todos já vivemos experiências diversas no passado. Acertamos e erramos. Aprendemos e contraímos dívidas. Agora, com o Espiritismo, podemos entender que a reencarnação é oportunidade de resgatar débitos e adquirir novo aprendizado.

Júlio, porém, parecia não escutar a lição e voltava à carga:

– Já fui rei.

– É provável que tenha sido – retrucou o amigo. – Mas o que importa é o que somos agora e o que estamos realizando.

Contudo, Júlio prosseguia insistindo no relato de suas encarnações pretéritas, até que um companheiro, já impaciente, interferiu na conversa, afirmando com ênfase:

– Duvido. É impossível que você tenha pertencido à realeza.

Júlio calou-se por um momento e perguntou, contrafeito:

– Qual é a dúvida?

E o companheiro, já não suportando mais o assunto e desejando colocar nele um ponto final, examinou atentamente o corpo do interlocutor e arrematou, com certa maldade:

– Para quem já foi rei, você está muito acabado.

54
RENASCIMENTO

Cap. IV – 1 a 3

O inspetor chegou à pequena cidade para importante missão.

Permaneceu várias semanas.

Hospedou-se em tradicional hotel.

Apresentou credenciais às autoridades.

Inspecionou diversas instituições.

Conviveu com inúmeras pessoas.

Visitou residências.

Fiscalizou associações de classe.

Frequentou clubes de serviço.

Participou de eventos sociais.

Fez palestras à população.

O inspetor havia morado na cidade, em passado

distante. Contudo, durante toda a visita, não foi reconhecido por ninguém.

*

Acontece o mesmo com a reencarnação.

Espíritos que, em determinada época, tomaram nomes respeitáveis e fizeram o progresso da Humanidade voltam à crosta terrestre em outro corpo material, para o prosseguimento de sua missão.

Entretanto, embora revelem identificação com a tarefa anterior, passam pelo mundo, trabalham, sofrem, realizam, e nem sempre são reconhecidos na nova roupagem física.

55
O BOBO

Cap. IV – 1 e 4

No grupo espírita de estudos, era comum a troca de comentários a respeito das vidas passadas dos companheiros.

Contudo, Felisberto Antunes era contra. Homem sério. Professor culto. Leal aos ensinamentos doutrinários. Repreendia sempre os amigos que se entregavam ao exercício da imaginação. Falava com firmeza:

– Deixemos o passado em paz. O esquecimento é importante aos novos rumos do Espírito que toma outro corpo material. Cuidemos do presente, que nos pede esforço e trabalho para a renovação íntima.

Dona Mariinha, porém, discordava. Costureira, costumava dizer que sabia também alinhavar o pretérito das pessoas. Afirmava que ela própria havia sido famosa dama, nos tempos áureos da corte francesa.

Certa noite, após a reunião, dona Mariinha começou a fazer suposições sobre as existências anteriores dos companheiros. Estava mais expansiva do que era costumeiramente. Apontando cada um, desatou a revelar:

– João foi general de talento; Eusébio, duque poderoso; Terezinha, formosa baronesa; Alfredo, influente nobre...

Quando já beirava uma dúzia de citações, um dos companheiros perguntou:

– E o Felisberto, o que foi?

O professor atalhou a conversa e apressou-se a falar antes da costureira. Fixou os olhos em dona Mariinha e, medindo cada palavra, respondeu com ironia:

– Já que não sobrou nenhum lugar na nobreza, devo ter sido o bobo da corte.

56
REGRESSO

Cap. IV – 1 e 4

O prédio serviu de moradia durante longo tempo, mas chegou o momento em que não se sustentou mais.

Envelhecimento da estrutura.

Trincas nas paredes.

Cobertura selada.

Piso carcomido.

Portas e janelas emperradas.

Instalações deficientes.

O morador, então, teve de abandonar o local. A casa antiga, já imprestável, foi demolida, erguendo-se, em seu lugar, nova edificação.

Estrutura resistente.

Paredes robustas.

Telhado bem feito.

Piso de qualidade.

Portas e janelas perfeitas.

Instalações novas.

Finalizada a construção, o inquilino regressou à nova moradia.

A casa era outra.

O morador, o mesmo.

*

A reencarnação é tão simples quanto o episódio descrito.

Vencido o tempo do corpo material, o Espírito retira-se dele para, tempos depois, regressar a novo organismo físico, prosseguindo sua experiência evolutiva.

O corpo é outro.

O Espírito, o mesmo.

57
RESSURREIÇÃO

Cap. IV – 2 e 4

Raimundo Teixeira era muito estimado. Pessoa educada. Conversa agradável. Bondade espontânea. Apesar de sofrer dor crônica, mantinha o humor sempre em alta.

Entre os amigos mais chegados, era o único que discordava das vidas sucessivas. Acreditava na ressurreição do corpo físico.

— O corpo morre e, no final dos tempos, ressuscita — dizia ele, com convicção.

À tarde, no banco da praça, debaixo de uma árvore com sombra generosa, o tema prosseguiu. Jonas, espírita, argumentava com bom senso:

— A Ciência comprova que é impossível a recuperação do corpo após a morte. A reencarnação tem mais lógica. Um só Espírito, animando vários corpos, sempre renovados pelo nascimento e morte, em sucessivas existências.

Raimundo, porém, não concordava:

— Tenho só este corpo, e ele vai ressuscitar.

A conversa continuou, abordando outros assuntos. Ao final do encontro, os amigos se levantaram para as despedidas. Raimundo teve dificuldade. Sentia dor. A custo, ficou de pé, com a ajuda dos outros.

Jonas, então, provocou o companheiro:

— Você precisa mudar de ideia a respeito da ressurreição.

E sem esperar a contestação do amigo, insinuou, com sorriso matreiro:

— Viver eternamente com este corpo...

58
VEÍCULO

Cap. IV – 2 e 4

O motorista foi à oficina mecânica para resolver suas dificuldades. A situação do veículo era lamentável.

Motor em fase terminal.

Eletricidade precária.

Lataria enferrujada.

Rodas trincadas.

Pneus lisos.

Faróis deficientes.

Vidros estilhaçados.

Chassi empenado.

Portas desajustadas.

Câmbio defeituoso.

Após vistoria minuciosa, observou-se que era

impraticável a recuperação do carro. E o único recurso possível ao proprietário, para que prosseguisse suas atividades, era a aquisição de um veículo novo.

*

É isso que o bom senso indica entre a ressurreição e as vidas sucessivas.

Após a morte, é impossível trazer de volta o corpo destruído pela decomposição no tempo. E a solução viável ao Espírito, para que continue sua trajetória evolutiva, é buscar novo veículo físico, através da reencarnação.

59
O LANCHE

Cap. IV – 3 e 6

— Essa história de nascer de novo é exagero. Uma vida já chega.

Leonardo Assunção falava, exaltado. Era renitente adversário da ideia de reencarnação. Homem já maduro. Comerciante ativo. Patrimônio razoável. Largo círculo de amizade. Dava-se bem com todos. Entretanto, sua fama de avarento corria a cidade.

Naquela tarde, reunira-se aos amigos em aprazível lanchonete. Jovino, professor e espírita estudioso, explicava com paciência:

— A reencarnação é a prova legítima da misericórdia de Deus. É a nova oportunidade para os que não atenderam aos compromissos com a correção necessária. O que seria de nós sem ela?

O comerciante, porém, não se dava por vencido e rebatia, veemente, referindo-se ao professor:

— Quanto a mim, uma vida basta. Não preciso de segunda época.

Nessa altura da conversa, o atendente começava a tomar nota dos pedidos.

Quando os lanches chegaram, Leonardo comeu depressa. Disse que precisava sair. Tinha compromisso. Voltaria logo. Contudo, só apareceu quando os amigos já haviam saído da lanchonete. Um deles dirigiu-se a ele e retornou ao assunto:

— Você não concorda com a reencarnação.

— Não concordo.

— Compreendo seu motivo.

— Que motivo?

— Você não quer reencarnar, porque tem medo de não ficarmos juntos.

Leonardo ficou surpreso, mas logo retrucou:

— E se fosse verdade, qual o problema?

O amigo, referindo-se à sovinice do comerciante, arrematou, provocando gargalhadas:

— E quem pagaria seu lanche?

60
O TRAJE

Cap. IV – 3 e 6

Quando ocorreu o incêndio, os combatentes do fogo agiram com eficiência.

Atendimento rápido.

Veículos preparados.

Mangueiras calibrosas.

Água abundante.

Equipamentos sofisticados.

Trabalho em conjunto.

Entretanto, quando foi preciso entrar no prédio em chamas, o técnico vestiu o traje indicado para o momento. Dentro dele, era quase impossível ser reconhecido.

Uniforme inteiriço.

Capacete amplo.

Visor de material resistente.

Tecido refratário ao fogo.

Mãos e pés protegidos.

Após o cumprimento da tarefa, o bombeiro livrou-se da vestimenta incômoda e voltou ao posto de origem, na corporação.

*

Esta cena guarda alguma semelhança com a reencarnação.

No além-túmulo, o Espírito engajado no bem atua na crosta terrestre, combatendo as chamas obsessivas e trabalhando em favor do próximo.

Quando, porém, chega a hora de entrar no fogaréu da experiência física, ele se veste com o traje material especialmente preparado para a ocasião, sendo quase impossível reconhecê-lo no novo corpo.

Depois de passar por compromissos e provações, o Espírito se liberta da matéria pesada e retorna às origens, na dimensão espiritual.

61
As condições

Cap. IV – 5, 7, 8 e 9

Rosinha Santana era uma jovem insatisfeita. Vida difícil. Saúde precária. Defeito físico. Costureira, trabalhava duro para ajudar no sustento da família.

Entretanto, a insatisfação maior era outra. Não aceitava sua aparência física. Vivia sonhando com novo corpo em futura encarnação.

— Como posso ser feliz deste jeito? — ela indagava com uma ponta de revolta.

Eufrásia, companheira de tarefas assistenciais, procurava consolar a amiga:

— Rosinha, cada um tem o corpo que precisa para resgatar as dívidas do passado. A reencarnação é uma bênção, em qualquer circunstância. É preciso corrigir os enganos de outros tempos. Prosseguir no aperfeiçoamento íntimo.

A costureira, porém, não se conformava:

— Só aceito nascer de novo em determinadas condições. Olhos dóceis e benevolentes. Rosto bonito e meigo. Traços delicados. Corpo perfeito. Voz melodiosa...

Eufrásia interrompeu o discurso sonhador da amiga e falou, séria:

— Estou triste. Vamos ficar separadas.

— Separadas? Por quê?

E a companheira, com um sorriso nos lábios, explicou, pausadamente:

— Ainda sou muito imperfeita e, nascendo nessas condições, você será um anjo.

62
O CURSO

Cap. IV – 5, 7, 8 e 9

O estudante fez a inscrição para a Universidade, visando à conquista do diploma na especialidade escolhida.

Preparou-se com perseverança.

Prestou os exames de admissão.

Iniciou o curso.

Dedicou-se ao estudo.

Manteve a assiduidade.

Ouviu preleções.

Visitou a biblioteca.

Consultou bibliografia extensa.

Atuou em pesquisas de campo.

Submeteu-se a avaliações periódicas.

O estudante fez progressos. Contudo, a cada período vencido e após o recesso programado, frequentou de novo as salas de aula, por vários anos seguidos, até acumular conhecimento suficiente para a conquista do título tão almejado.

*

O curso da evolução anímica não é diferente. Cada existência física é uma etapa de aprendizado intensivo.

Progresso intelectual.

Renovação íntima.

Aquisição de virtudes morais.

Entretanto, quando retorna à dimensão espiritual, o Espírito percebe que ainda não completou sua trajetória evolutiva e toma outro corpo material para mais experiências, de tal forma que, para conquistar seu diploma de perfeição relativa, precisa nascer de novo muitas vezes.

63
A CONCLUSÃO

Cap. IV – 10 e 11

Jesuíno Pimenta não tolerava a menor contrariedade. Ficava enfezado. Fisionomia carrancuda. Conversa ríspida. Contudo, era estimado na pequena cidade. Todos haviam se acostumado ao seu jeito de ser.

Comerciante hábil, tinha freguesia garantida. E, apesar do temperamento forte, sempre se reunia com os amigos em encontros de lazer, quando seu mau humor era motivo de comentários jocosos.

Na manhã ensolarada de domingo, o assunto era a reencarnação de Jesuíno. Com tamanho emburramento, o que teria sido ele em vidas passadas? As opiniões corriam soltas entre os amigos.

— Acho que foi um nobre muito bajulado – disse um deles.

– Acredito que tenha sido um tirano – afirmou outro.

– Ou, então, viveu como príncipe mimado – acrescentou um terceiro.

As especulações já iam longe, quando Josias interferiu no assunto. Professor e espírita estudioso, era o mais velho da turma. Reservado. Sensato. Objetivo. Acomodou-se na cadeira e falou, com firmeza:

– Vocês falam em vidas anteriores para justificar o temperamento do Jesuíno. Estão perdendo tempo. O problema dele não é o passado, é o presente.

O grupo se calou à espera da conclusão. O professor levantou-se e sentenciou, solene:

– Ele é simplesmente mal-educado e fim de conversa.

64
ENCADERNAÇÃO

Cap. IV – 10 e 11

Na biblioteca, era cada vez mais difícil manusear o dicionário.

Capa empenada.

Lombada semidestruída.

Escoriações nas extremidades.

Páginas soltas.

Papel puído nas bordas.

A direção da escola resolveu, então, providenciar a reforma. Tempos depois, o livro estava novamente no mesmo lugar.

Outra capa.

Lombada com caracteres legíveis.

Extremidades íntegras.

Folhas firmes.

Papel restaurado.

Entretanto, embora utilizado com frequência pelos alunos e tendo o mesmo conteúdo, o dicionário não foi reconhecido em sua nova encadernação.

*

Isto acontece com a reencarnação.

Espíritos, cujo nome e obra são do conhecimento de todos, voltam à vida material em outro corpo e, embora sejam eles mesmos, não são reconhecidos em sua nova aparência física.

65
Prejuízo

Cap. IV – 12 a 17

Dona Cotinha Brandão era espírita havia muitos anos e frequentava com assiduidade as reuniões de estudo. Professora dinâmica. Boa leitura. Temperamento expansivo.

Contudo, tinha hábito incorrigível: descobrir as encarnações anteriores dos outros. Quando cismava que alguém de seu conhecimento teria sido determinada personalidade do passado, começava a pesquisar, procurando identificações entre eles.

Zequinha, abnegado presidente do Centro Espírita, falava-lhe com frequência:

– Cotinha, reencarnação é assunto sério. O esquecimento do passado é bênção ao Espírito que reinicia experiências no corpo físico. O que importa é o presente, é a vivência das lições de Jesus, buscando o aperfeiçoamento íntimo. Sua atitude é prejudicial à Doutrina Espírita.

A professora, porém, não se abalava e prosseguia com seus interesses caprichosos.

Em certa ocasião, um jovem começou a participar dos estudos, interessado em conhecer o Espiritismo. Semblante taciturno. Poucas palavras. Defeito físico no pescoço.

Dona Cotinha passou a observá-lo com insistência. Após alguns dias, aproximou-se e manteve com ele o seguinte diálogo:

— Você já esteve na França.

— Não, nunca viajei.

— Fez parte da Revolução Francesa.

— Nada sei disso.

— Foi um revolucionário famoso.

— Sou de paz, senhora.

— Teve muito poder, mas perdeu a cabeça.

— Como assim?

— Na guilhotina. O sinal está no pescoço até hoje.

O rapaz levantou-se, olhou para os lados e, tão surpreso quanto os demais companheiros, respondeu, contrariado:

— Isso foi acidente na infância. Que loucura, meu Deus!

Saiu apressado e nunca mais voltou às reuniões.

66
PERSONAGENS

Cap. IV – 12 a 17

A peça teatral era uma sucessão de monólogos de diferentes personagens.

Camponês.

Intelectual.

Pai de família.

Escritor.

Músico.

Governante.

Homem do povo.

Chefe.

Subordinado.

Poeta.

Filósofo.

Pregador da fé.

Cada um expunha as próprias experiências, as dificuldades, as transformações, o aprendizado. Entretanto, chamou mais atenção o fato de que todos os personagens eram interpretados por um único ator.

*

As vidas sucessivas se assemelham a esta situação.

A evolução espiritual se faz por uma sucessão de personalidades, em diversas condições e épocas variáveis, cujo objetivo é a conquista da perfeição possível, através do progresso moral e espiritual.

É fácil, pois, admitir que a reencarnação é muito parecida com aquela peça de teatro em que, século após século, surgem diferentes personagens vividos por um único Espírito.

67
Reencontro

Cap. IV – 18

Aristeu Valente tivera uma existência atribulada. Trabalho árduo. Família numerosa. Viuvez em três ocasiões. Era boa pessoa, mas exigente e de prosa repetitiva.

Tornara-se espírita com idade mais avançada e frequentava regularmente as reuniões de estudos. Aprendera muito com os novos conhecimentos espirituais. Entretanto, era sempre assaltado por dúvida atroz: como seria o reencontro com as esposas, no além-túmulo. Fora marido ciumento. Autoritário. Impertinente. Era um tormento no lar, dramatizando situações menos importantes.

O assunto era sempre ventilado com os companheiros, que lhe conheciam o temperamento e falavam com franqueza:

— A convivência no mundo espiritual baseia-se

na simpatia e afinidade. O sentimento é sempre elevado, livre das questiúnculas terrenas. Aquele que vive no bem não tem o que temer.

Aristeu, porém, insistia por outras respostas, até que, um dia, soube de experiente espírita, em localidade próxima. O diálogo foi nesses termos:

— Sou espírita, mas estou com dificuldades.

— Vamos conversar.

— Fiquei viúvo três vezes e tenho sérias dúvidas.

— Três vezes?

— Sim, com filhos pequenos, exceto na última, quando eram todos adultos.

— E a dúvida?

— Penso como será o encontro com as esposas, na vida espiritual.

— Por que a preocupação?

— Elas estão lá, juntas. Não saberei o que fazer.

A conversa durou algum tempo, e o veterano doutrinador, sobrecarregado de compromissos, logo percebeu que nenhuma explicação satisfazia o viúvo. Fez uma pausa e disse, encerrando o assunto:

— Não haverá problema algum. Elas estão livres.

— Livres?

— Sim, livres de sua impertinência.

68
A SEMELHANÇA

Cap. IV – 18

A Vigilância Florestal reuniu-se na sede do departamento.

Clima familiar.

Companheiros solidários.

Amigos leais.

Ideias afins.

Objetivos comuns.

Simpatia recíproca.

Vários técnicos foram destacados para a equipe de fiscalização em determinada área da floresta, enquanto os outros permaneceram no local, para atividades específicas.

Jornada perigosa.

Acampamento em mata fechada.

Divisão de trabalho.

Comunicação eficiente com a sede.

Apoio constante.

Após algum tempo e encerradas as tarefas, a equipe voltou ao convívio dos companheiros, fazendo a alegria de todos, pela missão cumprida.

*

O roteiro da reencarnação não é muito diferente.

Espíritos afins formam famílias na dimensão espiritual e, quando alguns deles reencarnam para novas experiências na crosta terrestre, os que ficam dão assistência e apoio aos companheiros em compromisso no mundo material. Tempos depois, ao se desligarem do corpo físico, finda a tarefa assumida, retornam ao convívio da família espiritual, em clima de paz e felicidade, pelo dever cumprido.

69
PIMENTA NO DOCE

Cap. IV – 19

Carlota Tobias era mãe extremosa. Expressão meiga. Voz dócil. Atitude delicada. Vendedora, trabalhava fora boa parte do dia. O restante do tempo dedicava às obrigações do lar. Conquistara conforto e facilidades.

Entretanto, tinha constantes aborrecimentos com o filho único. Intolerante e agressivo, o rapaz desperdiçara todas as oportunidades de estudo. Nenhum trabalho lhe servia e, desocupado, exigia mais e mais recursos para a vida fútil que levava.

Carlota cedia e contornava a situação. Espírita convicta, estava sempre nas reuniões de estudo e nas tarefas de assistência. Com frequência, os companheiros lhe notavam a fisionomia triste e uma lágrima furtiva que ela se apressava a enxugar.

Certo dia, resolveu se orientar com Celso, o dirigente das atividades. Quase em pranto, começou a conversar.

– Estou preocupada. A cada dia, meu filho está mais difícil. Não estuda, não trabalha e me cobra muito. Estou ciente de que se trata de reencarnação complicada. Reajuste familiar. Não sei, porém, o que mais fazer.

O dirigente, que lhe conhecia a história, ouviu com atenção e ponderou, firme:

– Realmente, seu filho é Espírito rebelde que veio para aprender em sua companhia. Mas você colocou pimenta no doce.

A vendedora surpreendeu-se com a fala do amigo e observou:

– Não entendo o que quer dizer.

O companheiro retomou a palavra e explicou:

– Você deu amor e carinho a seu filho. Ensinou a ele com o exemplo de trabalho, disciplina, conduta correta. Este é o doce.

Carlota não conteve a ansiedade e interrogou, intrigada:

– E a pimenta, o que é?

Celso olhou a amiga com bondade e completou, sereno:

– Mimou demais.

70
LIÇÃO

Cap. IV – 19

A equipe de técnicos trabalhava com proveito e harmonia.

Relacionamento simpático.

Comunhão de ideias.

Solidariedade.

Respeito no trato.

Amizade mútua.

Em razão disso, o diretor de recursos humanos colocou, entre eles, funcionários com dificuldades diversas, a fim de que alcançassem progresso no trabalho. A partir daí, porém, ocorreram situações conflitivas.

Antipatias gratuitas.

Choque de opiniões.

Atos de indisciplina.

Rebeldia.

Negligência.

Entretanto, agindo com entendimento e tolerância, os técnicos mais experientes transformaram os funcionários problemáticos em trabalhadores eficientes e solidários.

*

Isso acontece nas experiências da reencarnação.

Famílias e grupos que vivem em harmonia recebem a missão de ajudar Espíritos mais atrasados na trajetória evolutiva, trazendo-os ao seu meio em diferentes condições.

Parente difícil.

Filho rebelde.

Companheiro complicado.

Tais Espíritos causam dissabores aos familiares e colegas, os quais têm, por sua vez, o compromisso de orientá-los na senda do bem.

Dessa forma, Deus permite, pela Lei de Causa e Efeito, que todos eles resgatem dívidas do passado, aproveitem a lição do presente e se preparem para o futuro.

71
ALÍVIO

Cap. IV – 20

— Tudo isso é uma confusão!... Viver várias vezes. Ter muitas famílias. E depois, como é que fica?

A indagação vinha de Edivaldo Pereira. Publicitário de talento. Profissional competente. Sucesso nas atividades. Não era refratário à ideia da reencarnação. Tinha, porém, muitas dúvidas quanto ao reencontro, no além-túmulo, com familiares de várias existências.

A prosa corria solta, na tarde de domingo. Reunião de amigos. Convivência agradável. Antigos colegas.

Juarez, um dos mais íntimos, respondeu ao companheiro:

— A parentela material prossegue na família espiritual, quando existe afinidade e simpatia. Casais, pais, filhos, irmãos ou parentes são, muitas vezes, compromissos temporários, resgates de vidas passadas. Na vida maior, o que vale é o sentimento elevado e recíproco, qualquer que seja a ligação material.

Edivaldo ouvia com atenção. O assunto despertara o interesse dos amigos que acompanhavam, em silêncio, a explicação sensata.

Após pequena pausa, Juarez retomou a palavra:

— É fácil entender, Edivaldo. Tome nossa situação, como exemplo. Fizemos inúmeros cursos, em várias oportunidades. Tivemos centenas de colegas. Hoje, porém, apenas nós estamos juntos. Dos outros colegas não temos notícia. O que nos une é a afinidade.

Edivaldo levantou-se, eufórico, dando gargalhadas. E, antes que lhe perguntassem o motivo de tanta alegria, comentou:

— Estou aliviado, Juarez, muito aliviado com seus ensinamentos. Não fosse assim, já pensou ter que aturar, também no outro lado, aqueles parentes implicantes?

72
Parentela

Cap. IV – 20

Ano após ano, o supervisor de escolas percorreu extensa região e visitou inúmeras localidades, onde conheceu muita gente, dentro de seu campo de atuação.

Professores.

Monitores de ensino.

Alunos.

Titulares de cátedra.

Diretores.

Secretários.

Reitores.

Autoridades.

No correr do tempo, conheceu substitutos e sucessores dessas pessoas, mantendo com todos eles relacionamento de maior ou menor afinidade.

Entretanto, quando encerrou suas atividades e retirou-se para o descanso, continuou ainda a cultivar relacionamentos somente com aqueles que lhe inspiravam simpatia e amizade sincera.

*

O Espírito, na trajetória evolutiva, renasce várias vezes e, a cada existência, vai acumulando parentela no círculo familiar da vida material.

Pais e avós.

Tios e primos.

Maridos e esposas.

Irmãos e filhos.

Parentes e afins.

Tais relacionamentos, com maior ou menor simpatia, ocorrem por força de compromissos ou resgates de situações passadas. Contudo, quando termina as tarefas de determinada etapa e retorna à dimensão espiritual, o Espírito busca a convivência apenas daqueles que lhe inspiram afeto, afinidade e sentimentos elevados, não importando absolutamente o grau de parentesco nos vários renascimentos.

73
Reciclagem

Cap. IV – 21 a 23

– Morreu, acabou!...

Era assim que João Montenegro resumia sua opinião, negando a vida espiritual. Homem forte. Saúde em dia. Conversa agradável.

Trabalhava com reciclagem de materiais. Era seu assunto preferido. Dizia com entusiasmo:

– É magnífico ver o papel imprestável desaparecer e ressurgir novo, para continuar útil. É magnífico!

Contudo, se o assunto era encaminhado para considerações sobre a vida após a morte, ficava aborrecido e falava, firme:

– Não aceito. Vida é uma só. Nem antes, nem depois.

O tempo passou, e João, em plena atividade, foi

surpreendido por doença grave. Trabalho interrompido. Repouso em casa. Tratamento rigoroso. O resultado, porém, não se mostrava satisfatório.

Em certa visita dos amigos, confessou com amargura:

— Sinto que minhas forças se esgotam. A hora final está próxima.

Célio, espírita, procurava confortá-lo:

— Deus é misericordioso. Tem planos para você em existências futuras. A reencarnação é uma realidade.

João, amadurecido pela dor, comentou com interesse:

— Tenho pensado nisso. Mas como?

E o companheiro, descontraindo o ambiente, respondeu sob gargalhada geral:

— Vai reciclar você.

74
FAMÍLIA

Cap. IV – 21 a 23

O curso intensivo reuniu apreciável número de pessoas. Entretanto, todos os participantes eram estranhos uns aos outros.

Escola preparatória.

Classe heterogênea.

Grupo numeroso.

Idades diversas.

Matéria extensa.

Aulas prolongadas.

Carga horária suficiente.

Aprendizado amplo.

Seminários.

Provas de aproveitamento.

O tempo de convivência despertou certo conhecimento entre os alunos. Ao final do curso, porém, cada um tomou rumo próprio e ignorado, sem compromisso de reencontro posterior.

*

A família material é abençoada escola que reúne, através da reencarnação, afetos e desafetos de existências passadas, para a continuidade do aperfeiçoamento espiritual, que vai se prolongar no mais além, depois da perda do corpo físico.

É fácil perceber que, sem o recurso das vidas sucessivas, a família, como naquele curso intensivo, seria apenas a reunião de personagens sem qualquer vínculo anterior e nenhuma perspectiva de convívio futuro.

75
BELEZA

Cap. IV – 24

— Nascer de novo? Deus me livre. É sofrimento demais.

Santinha Godói não escondia a revolta diante da reencarnação. Viúva idosa. Temperamento forte. Língua solta.

Preocupava-se bastante com sua imagem física. Não dispensava pintura no rosto e cremes no corpo. Dizia, sem cerimônia, o que pensava:

— A vida neste mundo é ingrata. Preocupações. Doenças. Envelhecimento. Rugas e pelancas por toda parte. Chega de corpo. Tudo tem limite.

Jandira, espírita e velha amiga, tentava esclarecê-la:

— O limite da reencarnação é a conquista do

aperfeiçoamento íntimo. A renovação interior exige sacrifício e experiências múltiplas em várias vidas. A perfeição é a beleza do Espírito.

Santinha, porém, continuava a mesma. Quando adoeceu gravemente, chamou a amiga para uma conversa.

— Mudei de ideia. Quando eu partir, quero reencarnar depressa.

— Por quê?

— Você disse que a beleza da alma é a perfeição.

— Sim. E o que tem isso?

Santinha deu um sorriso maroto e completou:

— Sou muito imperfeita. Pensei bem e prefiro ficar no corpo. Aqui, pelo menos, tenho os cremes para disfarçar.

76
LIMITE

Cap. IV – 24

O escultor planejou com esmero a obra de arte e, logo, tomou todas as providências para transformar a pedra bruta na figura angelical de sua inspiração.

Encomendou o bloco de mármore.

Fiscalizou o transporte.

Definiu a localização.

Reuniu o instrumental necessário.

Analisou com minúcia o projeto.

Selecionou os pontos de corte.

Usou o cinzel e o martelo.

Aparou arestas.

Esculpiu detalhes.

Poliu a superfície grosseira.

Após algum tempo, a pedra bruta havia se transformado em formosa estátua e o artista deu por terminada a obra. O limite de seu trabalho era, então, a escultura perfeita.

*

Este quadro tem semelhança com a evolução espiritual.

Criado simples e ignorante, o Espírito tem a oportunidade de esculpir em si mesmo a sabedoria e as virtudes morais. Durante a trajetória evolutiva, renasce inúmeras vezes e, à medida que desenvolve a inteligência e aprimora as qualidades do coração, vai se desfazendo das ideias e sentimentos grosseiros, até tornar-se Espírito puro, o que mostra que o limite da encarnação é a conquista da perfeição possível.

77
Sucata

Cap. IV – 25

Danilo Antunes era morador antigo da cidade. Figura conhecida. Conversa educada. Gentileza no trato. Espírita desde moço, cumpria suas obrigações com respeito e amor. Solteiro de meia-idade, trabalhava em movimentado ferro-velho, que lhe servia também de morada.

Em razão de defeito físico desagradável, suportava todo tipo de chacotas. Contudo, não perdia o bom humor. Levava em brincadeira as grosserias mais inconvenientes. Na intimidade, porém, confessava aos mais próximos seu embaraço pelo corpo desfigurado. Certa vez, perguntou com tristeza:

– Será castigo?

Eurípedes, colega de trabalho e mais experiente em Doutrina Espírita, respondeu com carinho:

– A reencarnação é oportunidade de crescimento. Fica mais difícil quando desprezamos o aprendizado e temos de repetir a lição. Se não agimos corretamente em determinada existência material, tomamos novo corpo físico em outra, trazendo a marca dos erros. Retornamos para corrigir os enganos. Todavia, se teimamos no desrespeito às leis divinas, nossa condição se torna desagradável e é quando a reencarnação se confunde com o castigo. É como a peça corroída em que se tenta a reforma. Ela tem de sofrer constrangimentos para que a correção aconteça.

Danilo sorriu sem graça e falou com certo abatimento:

– Agora sei o que me aconteceu. Fui rebaixado.

Eurípedes não entendeu o raciocínio do amigo. Danilo, porém, lembrando-se do ferro-velho, explicou, decepcionado:

– No passado, fui a peça que funcionou mal. Hoje, virei sucata.

78
Outra oportunidade

Cap. IV – 25

A escola de motoristas estava em plena atividade.

Numerosos candidatos.

Ensino teórico.

Conceitos básicos.

Sinais de trânsito.

Aulas práticas.

Manobras.

Percurso de rua.

Entretanto, alguns alunos não se importavam com as lições.

Faltas constantes.

Desatenção nas palestras.

Negligência nos exercícios.

Desinteresse do estudo

No dia do exame, foram reprovados. O instrutor, porém, explicou que poderiam fazer outra prova de habilitação, desde que frequentassem novamente a escola, em regime mais rigoroso.

*

A reencarnação é assim.

As falhas constantes, diante dos compromissos assumidos para as experiências na vida material, exigem maior rigor da Lei Divina em novas existências físicas. A situação mais difícil é sentida como castigo, mas é simplesmente outra oportunidade de aprendizado.

79
CASTIGO

Cap. IV – 26

O doutor Justino Costa era advogado de prestígio. Inteligência brilhante. Profissional de sucesso. Cultura avantajada. Embora reconhecido e admirado, revelava profunda desilusão.

Tinha o organismo frágil. Dificuldades físicas causavam-lhe transtorno e desgosto. Primeiro, a paralisia infantil. Depois, diabete, hipertensão arterial e enfisema pulmonar, aumentando-lhe o fardo de provações. Costumava dizer:

— Tenho colhido inúmeras vitórias na vida. O corpo, porém, é um castigo.

Certo dia, Celestino, espírita e amigo de muitos anos, visitava o advogado e procurava confortá-lo, explicando:

— Doença é escola, onde se aprende a lidar com o

sofrimento e as limitações. É reencontro com o passado delituoso, para o acerto de contas, mas também é lição de humildade, tolerância e paciência. O corpo doente não é castigo, é prêmio.

Justino ficou pensativo. Após um instante de silêncio, falou com voz cansada:

– Sua explicação me preocupa.

– Por quê? – retrucou o amigo.

E o enfermo respondeu, com ar de receio e surpresa:

– Se doença é prêmio, então Deus me livre do castigo.

80
CLIMA DE FAMÍLIA

Cap. IV – 26

Em razão de sucessivas transferências, o aluno frequentou cada ano do curso de graduação em escolas diferentes. O resultado não foi satisfatório.

Conflito de currículos.

Dificuldade de adaptação.

Problemas de entrosamento.

Desconhecimento do meio.

Colegas distantes.

Relacionamentos temporários.

Ausência de turma.

Amizades superficiais.

Descontinuidade de matérias.

Prejuízo do estudo.

Ao final do curso, na colação de grau, o aluno era quase um estranho no grupo, sem ligações afetivas de importância e desligado do clima de companheirismo.

*

Este exemplo revela de maneira simples o que ocorreria se cada reencarnação acontecesse em diferentes planetas.

Contudo, a Lei Divina é sábia e mantém, pelo tempo necessário, as existências físicas de cada um no mesmo globo, a fim de que, pela convivência duradoura, as diferenças entre os vários membros do grupo sejam resolvidas e germinem as sementes de amor na intimidade do Espírito, alicerçando o clima de família na vida material e no Mais Além.

81
Injustiça

Cap. V – 1 a 3

— É injustiça e ponto final.

O doutor Tiago Brandão estava inconformado. Médico competente. Cirurgião de prestígio. Chefe de família exemplar. Contudo, apesar de benquisto por todo o bairro, tinha fama de mal-educado.

Após muitos anos de exercício profissional, foi acometido por insidiosa doença nas mãos, dificultando-lhe o trabalho. Não resistiu à revolta.

Bartolomeu, professor e espírita convicto, ouvia com atenção o desabafo do amigo de infância.

— Por que tudo isso? Sempre acreditei em Deus. Tenho dedicado minha vida ao próximo. Estas mãos evitaram a morte, secaram lágrimas de dor e devolveram a esperança a muitos infelizes. Por que, então, a doença que me afasta, pouco a pouco, da prática da cirurgia? É grande injustiça, muita injustiça.

O professor tentava aliviar o médico, com explicações em torno da justiça da reencarnação.

— Tiago, Deus é justo. E a causa de sua aflição também há de ser justa. Se o motivo da doença não se encontra nesta vida, está em outra, no passado. Ninguém sofre por acaso. Você já foi rico de facilidades na vida. Agora, é pobre de saúde e receberá o consolo do Alto. O Senhor é misericordioso e lhe dará novos meios de ajudar o próximo.

— Com estas mãos? — interrogou o cirurgião, ansioso.

O amigo, porém, completou:

— Ou com outro meio qualquer. A boca, por exemplo.

Tiago não escondeu a contrariedade e falou, malcriado:

— Eu não opero com a boca.

Bartolomeu não perdeu o bom humor e emendou, com paciência:

— Mas vai aprender a usá-la com educação.

82
Clareira

Cap. V – 1 a 3

A travessia da floresta era penosa, mas necessária.

Mata fechada.

Cipoal abundante.

Ramagem agressiva.

Trechos perigosos.

O grupo, porém, não entendia o motivo de tanto sacrifício. Logo, surgiram murmúrios.

Insatisfações.

Reclamos.

Revolta.

Descrença.

Desilusão.

Entretanto, o guia responsável reuniu o grupo e

explicou que o sofrimento era transitório e que, mais adiante, além da floresta, havia extensa clareira, onde seria possível o descanso e a marcha mais fácil, dando aos companheiros força e estímulo para que não desistissem e continuassem o trajeto programado.

*

Irmãos, a trajetória evolutiva também está repleta de dificuldades.

Cada renascimento no corpo físico é um trecho da jornada, onde o Espírito sofre a aspereza de suas necessidades.

Solidão e desgosto.

Enfermidades.

Frustrações íntimas.

Conflitos familiares.

Provações dolorosas.

Contudo, Jesus – o Divino Guia de nossas almas – trouxe no Evangelho a palavra de esperança, ensinando que a dor faz parte do crescimento interior e que, mais adiante, além da existência material, existe a vida futura, onde aqueles que acreditaram no bem vão encontrar a clareira luminosa da paz e da felicidade.

83
O BAILE

Cap. V – 4

Aristeu Guerra era conhecido por suas teorias. Afirmava, sem sombra de dúvida, que os contratempos de hoje eram consequência de faltas em vidas passadas.

Homem de meia-idade. Expansivo. Risonho. Na roda de amigos, era o mais prosa e contava caso após caso de doenças e dificuldades na vida, relacionando-os com erros em existências anteriores.

Justino, velho companheiro, advertia:

– Nem tudo é passado. Há muito sofrimento que tecemos no presente.

Aristeu, porém, não abria mão de suas ideias.

Certa manhã de domingo, caiu de cama. Lombalgia aguda. Mal podia se mexer. Pediu a Justino que lhe desse apoio espiritual. Quando o amigo chegou, foi logo iniciando o diálogo:

— Estou sofrendo.

— Que aconteceu?

— Dor nas costas. Insuportável.

— Desde quando?

— Hoje, cedo.

— Houve algum motivo? Escorregou?

— É dívida do passado. Penso que fui guerreiro e que minha espada feriu o dorso de muita gente.

Justino fez que não ouviu e continuou a conversa:

— Saiu ontem à noite?

— Fui ao baile.

O antigo companheiro, que conhecia os exageros do amigo, levantou-se, foi ao telefone e pediu a ambulância. Depois, voltando-se para o doente, falou com firmeza:

— Guerreiro do passado, não é? Você vai para o hospital. É nisso que dá dançar forró a noite inteira.

84
Desculpa inútil

Cap. V – 4

O funcionário da empresa foi encarregado de resolver importante negócio na cidade grande, em dia e hora previamente combinados.

Recebeu orientação da chefia.

Preparou documentos.

Viajou na véspera.

Hospedou-se em hotel confortável.

Ao cair da tarde, porém, resolveu conhecer as novidades da metrópole.

Visitou pontos turísticos.

Frequentou bares da moda.

Foi a restaurante requintado.

Experimentou as diversões noturnas.

Quando regressou ao hotel, já era alta madrugada e, pela manhã, não despertou a tempo de cumprir o compromisso. Chegando ao local indicado, o concorrente havia feito o negócio.

De volta à empresa, tentou justificar a negligência.

Culpou o motorista do táxi.

Referiu-se ao trânsito congestionado.

Alegou falta de sorte.

Contudo, apesar da encenação e dos argumentos, perdeu o emprego.

*

Quantas vezes, nós mesmos somos a causa de nossas aflições.

Desprezamos o esforço.

Afastamo-nos da temperança.

Cultivamos a incúria.

Negligenciamos o trabalho.

E quando surgem as consequências desagradáveis, as falsas desculpas são inúteis, e perdemos preciosa oportunidade de aperfeiçoamento e progresso.

85
Nova experiência

Cap. V – 5

Benjamim Cerqueira não se preocupava com a saúde. Boa vida. Gargalhada sonora. Amigo dos abusos. Era conhecido pelo apego às noitadas. Onde houvesse um botequim, lá estava ele com o sorriso fácil e a mesa farta.

Gumercindo, irmão mais velho, procurava convencê-lo à mudança de conduta:

— Isso vai acabar mal. Você desperdiça saúde. O corpo físico é abençoada oportunidade de evolução. É preciso respeitá-lo e não sacrificá-lo com excessos. É importante ter equilíbrio na diversão.

Benjamim, porém, não lhe dava ouvidos e continuou a viver a seu modo, até que adoeceu. Consultas. Exames. Tratamento rigoroso. Contudo, o prognóstico era desfavorável.

– Vou morrer – disse ele a Gumercindo.

– Não é o fim – respondeu o irmão.

Após alguns instantes de silêncio, Gumercindo reatou a conversa:

– Há vida depois da morte.

– Você já me disse. Eu acredito.

– Nessa vida espiritual, você vai aprender com os erros e tomar boas resoluções para nova experiência no corpo material.

– Prometo que tudo vai ser diferente. Terei equilíbrio.

Gumercindo sorriu, mas por pouco tempo. Benjamim logo emendou:

– Só de vez em quando irei aos botecos.

86
ACERTO

Cap. V – 5

Todos tomaram conhecimento das recomendações para o bom aproveitamento na escola.

Respeito aos colegas e aos mestres.

Atenção aos ensinamentos.

Estudo das lições.

Equilíbrio nas recreações.

Convivência harmoniosa.

O aluno, porém, não atendeu às orientações recebidas.

Esqueceu os deveres.

Desrespeitou os professores.

Criou conflitos.

Faltou às aulas.

Desperdiçou oportunidades.

Foi negligente no período escolar.

Quando, no fim do ano, reconheceu os erros e mudou o comportamento, não havia mais tempo para recuperar as matérias. Foi reprovado.

*

O mesmo acontece com o Espírito que está na experiência física e não atende às diretrizes do bem.

Quando, no final da vida, toma consciência de seus enganos, percebe que é impossível recuperar o tempo perdido. Contudo, no além-túmulo, a Misericórdia Divina lhe dá renovada oportunidade através da reencarnação, para que, fortalecido nas lições de Jesus, repita as experiências em outro corpo material e acerte os novos rumos da evolução.

87
O ANIVERSÁRIO

Cap. V – 6

Clementino Santos nascera com penoso defeito nas pernas. Nenhum recurso médico lhe tinha sido favorável. Andava com dificuldade, jogando o corpo para um lado e outro.

Contudo, tinha vida ativa. Estudara até alcançar o diploma de curso superior. Era funcionário graduado de importante empresa e estimado por todos os colegas.

De família espírita, desde cedo aprendera a raciocinar com a reencarnação, a respeito de seu problema. Na adolescência, porém, sofrera forte crise depressiva, inconformado com a deficiência.

Nessa época, estivera com médium conceituado que lhe explicara o motivo do defeito físico. Fora, em vida passada, exímio bailarino e encantara plateias do mundo inteiro. No entanto, usara a dança para seduzir corações ingênuos e cometera sérios enganos. Viera, assim, em corpo defeituoso, provação que ele mesmo pedira. Desde então, compreendera melhor a razão de suas limitações e era até admirado pelo bom humor com que encarava as dificuldades.

Certa vez, os companheiros de trabalho quiseram homenagear Clementino por seu aniversário. Foram até ele buscar sua opinião e o diálogo correu solto.

– Daremos uma festa.

– Não é preciso.

– Fazemos questão.

– Bondade de vocês.

– Usaremos o clube da empresa.

– Boa ideia.

– Alguns salgados.

– É de bom gosto.

– Apenas refrigerantes.

– Bem pensado.

– Música para dançar.

Nesse ponto da conversa, Clementino ficou sério e falou com rispidez:

– Agradeço a intenção, mas não quero.

Sem dar explicação, levantou-se e saiu andando de seu jeito desengonçado. Depois de alguns passos, sem que ninguém entendesse a reação, voltou-se para os colegas e resmungou, irritado:

– Isso não é festa, é ofensa.

88
Esclarecimento

Cap. V – 6

Em pouco tempo, os peritos chegaram e tomaram rápidas providências para a vistoria oficial.

Percorreram o trecho do acidente.

Interditaram o local aos curiosos.

Analisaram marcas na via pública.

Inspecionaram o veículo.

Fotografaram todos os detalhes.

Separaram material para exame.

Colheram a versão do motorista.

Conferiram os sinais de trânsito.

Ouviram testemunhas.

Anotaram a documentação.

Após minucioso estudo, descartaram a falha do

condutor e confirmaram o bom estado do veículo, mas descobriram grave defeito de fabricação em importante peça.

A causa real do acidente era anterior ao instante do acontecimento.

*

Muitas provações não se explicam na vida presente. É que as causas legítimas remontam às situações mal resolvidas em existências anteriores.

Desacertos morais.

Compromissos desrespeitados.

Enganos conscientes.

E como o perito que investiga com acerto o acidente, a Doutrina Espírita, usando a lógica da reencarnação, também dá o esclarecimento correto àquelas aflições que de outra maneira seriam inexplicáveis.

89
CONSCIÊNCIA

Cap. V – 7

Quinca Donizete adoecera gravemente dos pulmões. Abnegado trabalhador do Evangelho. Espírita convicto. Fé robusta. Amigo dos necessitados.

A enfermidade atingira estágio avançado, causando-lhe bastante desconforto. Falta de ar constante. Tosse dolorosa. Peito arfante. Contudo, não se queixava. Revelava admirável resignação. Entendia que a provação era oportunidade de crescimento espiritual.

Certa tarde, foi visitado por antigo assistido de suas inúmeras campanhas em favor dos infelizes.

– Que judiação, "seu" Quinca – disse, com tristeza, o recém-chegado, ao ver o benfeitor naquele estado.

– Estou pagando grande dívida, Tião – o enfermo respondeu com a voz entrecortada pela dispneia.

Apesar das dificuldades do momento, Quinca não recusou o diálogo, quando o visitante prosseguiu:

— Que dívida, homem?

— Cometi graves erros em vidas passadas.

— Mas, agora, o senhor é bom.

— Estou melhor. No entanto, a Lei Divina não esquece os desvios.

— E Deus, não perdoa?

— Perdoa. A consciência, porém, cobra o resgate das faltas.

Tião ficou pensativo. Após longo silêncio, falou, emocionado:

— Estimo suas melhoras.

Levantou-se. Todavia, antes das despedidas, virou-se para o amigo e disse:

— Sabe, "seu" Quinca, sou muito temente a Deus, mas há uma coisa que não aceito...

Interrompeu a frase. Rodou o chapéu na mão, meio sem graça. O doente perguntou, curioso:

— Não aceita o quê?

Tião completou, sério:

— Essa tal consciência.

90
AÇÃO E REAÇÃO

Cap. V – 7

Durante a festa, o convidado agiu de maneira insensata e causou constrangimento aos demais. Ingeriu em excesso tudo o que foi servido.

Saladas.

Cozidos.

Frituras.

Assados.

Doces.

Bolos.

Tortas.

Bebidas.

De tal forma exagerou à mesa, que o estômago não suportou e pôs fora todo o conteúdo excessivo, provocando mal-estar no ambiente. O convidado precisou de atendimento médico e, por vários dias, manteve dieta rigorosa, para a recuperação do organismo.

*

Assim como o corpo físico não aceita as transgressões de seus órgãos, também o Espírito reage às ações agressivas à sua intimidade.

Conduta orgulhosa e egoísta.

Enganos e delitos.

Desmazelo moral.

Infrações às Leis Divinas.

Tais atitudes vão se acumulando com o tempo, até que chega o momento em que a consciência do Espírito não mais tolera os conteúdos indesejáveis e os põe fora, sob a forma de dívidas morais a serem resgatadas.

A Misericórdia Divina, então, permite, na mesma existência ou nas vidas posteriores, as provações dolorosas que funcionam como tratamento rigoroso e corretivo das distorções íntimas, devolvendo ao organismo espiritual a harmonia interior.

91
DOROTÉIA E LÚCIO

Cap. V – 8

Século XVIII. Em terras não muito distantes das cercanias de Olinda e Recife, Dorotéia e Lúcio se entregavam a doce idílio. Amor proibido. Encontros furtivos. Desigualdade social.

A beleza angelical da meiga donzela já era notícia em toda a capitania. Os cabelos claros desciam até os ombros em cachos graciosos, emoldurando-lhe o rosto juvenil de traços delicados e olhos cor de mel.

Desde menina, estava prometida em casamento a nobre cavalheiro, amigo da família. Contudo, quando se viram pela primeira vez, Dorotéia e Lúcio se apaixonaram. Sentimento incontrolável. Paixão sem limites. A formosa sinhazinha quis desmanchar o compromisso antigo, mas a autoridade paterna exigia o cumprimento do acerto.

Apesar da proibição familiar e da proximidade das núpcias, o casal continuou a manter encontros às escondidas, até que, um dia, foi surpreendido pelo noivo, transtornado pelo ciúme e pela humilhação. Ameaças. Luta corporal. Honra lavada em sangue. O jovem enamorado tombou sem vida, e a tragédia se abateu sobre as famílias.

Dorotéia retirou-se para o convívio com irmãs de caridade, sentindo-se culpada pelo infausto acontecimento. Entregou-se à oração e ao sacrifício, dedicando o restante de sua vida ao socorro dos doentes e infelizes. Quando retornou ao mundo espiritual, teve permissão para ajudar o antigo namorado.

Lúcio deixara o corpo em clima de ódio e assim permanecera por longo tempo. Mal reconhecia sua nova situação. Por mais de um século, Dorotéia tentou despertá-lo para a realidade do Espírito e a necessidade do perdão. Esforço inútil. Seu amado, agora, tinha o coração endurecido, obcecado pelo desejo de vingança.

O Alto, então, impôs-lhe a reencarnação compulsória. Deveria voltar ao corpo físico, em nova existência, para expurgar da intimidade o fel que lhe embaçava o conhecimento de si mesmo e lhe consumia os ideais elevados.

Dorotéia pediu também o retorno à vida material, para acompanhar de perto a alma querida, na provação dolorosa que o esperava. A Providência Divina atendeu-lhe a súplica.

*

Século XX. Cidade de São Paulo. Bairro operário. Na casa pequena e simples, a viúva de cabelos grisalhos cuidava do único filho, doente desde o nascimento.

No quarto pobre de adereços, o leito singelo e limpo acolhia o adulto jovem, inquieto e nervoso. Não falava. Apenas murmurava sons incompreensíveis, mas os olhos brilhavam em resposta ao carinho maternal. Dorotéia, em outra vestimenta física, sorria e falava com ternura a Lúcio, em novo corpo, deformado por grave enfermidade cerebral.

*

Cerca de duzentos anos depois, a Misericórdia Divina, através da reencarnação, transformara a paixão desvairada de dois jovens no sublimado amor de mãe e filho.

92
Direito de escolha

Cap. V – 8

Os dois veículos, manobrados perigosamente pelos motoristas jovens, assustavam os pedestres.

Alta velocidade.

Apostas de corrida.

Freadas bruscas.

Curvas perigosas.

Acelerações repetidas.

Rodopios inconvenientes.

Som nas alturas.

Logo, as autoridades chegaram e levaram os jovens para as averiguações necessárias. Um deles, que reconheceu o erro e pediu oportunidade para se corrigir, foi destacado para serviços na comunidade, oferecendo-se como motorista voluntário em instituição assistencial.

O outro, porém, tomou atitude diferente.

Não admitiu a culpa.

Reagiu com impertinência.

Ofendeu os presentes.

Foi, então, internado em casa de reabilitação, para se conscientizar da necessidade de renovação e, mais tarde, ter de volta a liberdade de vida.

*

O mesmo ocorre com a reencarnação.

Espíritos já conscientes das culpas e desejosos de transformação íntima escolhem livremente as provas de nova existência material. Contudo, aqueles que teimam nos enganos e são surdos ao esclarecimento voltam ao corpo físico constrangidos pelas tribulações, a fim de que descubram a própria realidade espiritual e, pelo esforço de renovação interior, adquiram o direito de escolha, em outras vidas.

93
O FAROL

Cap. V – 9

Jandiro Cerqueira era diferente. Bondade em pessoa. Palavra dócil. Sentimento elevado.

Admirado pela população e antigo funcionário público na cidade pequena, todos conheciam a vida de sofrimento e dissabores que ele encarava com invejável resignação. Esposa doente. Filhos irresponsáveis. Parentes intolerantes. Sua situação era motivo de conversa entre os amigos. Indagavam por que um homem tão bom tinha de passar por tantos problemas.

Na manhã ensolarada, ao lado do imponente farol que iluminava a rota dos navios, Clementino dava explicações. Era amigo íntimo de Jandiro, desde a juventude, quando ambos abraçaram o Espiritismo por roteiro de vida.

— A reencarnação explica. Espíritos nobres, que

atingiram alto grau de depuração dos sentimentos, pedem a volta ao corpo físico para encaminhar Espíritos menos adiantados. Jandiro veio para ajudar a família. Ao mesmo tempo, tem a oportunidade de evoluir mais, continuar seu aperfeiçoamento íntimo. É a misericórdia de Deus agindo em favor de todos.

Contudo, o companheiro mais jovem do grupo não se conformava com os esclarecimentos e contestou, exaltado:

— Isso não é certo. Espírito evoluído tem de ficar nas alturas. Que viesse outro mais atrasado, para cuidar desse povo.

Clementino levantou o braço, apontou para o farol e argumentou, encerrando a conversa:

— Se este farol não fosse tão alto, orientaria os navios?

— Claro que não – responderam todos ao mesmo tempo.

— Então, está explicado.

O jovem, porém, inconformado com o sofrimento de Jandiro junto aos familiares, retrucou de imediato:

— Esse pessoal não dá valor em farol. Bastava uma lanterninha.

94
CRESCIMENTO ESPIRITUAL

Cap. V – 9

Destacado pela instituição para importante pesquisa científica, o professor manteve-se em atividade durante muitos anos.

Dedicou-se integralmente ao trabalho.

Estudou em profundidade o assunto.

Fez inúmeras experimentações.

Repetiu os testes duvidosos.

Sofreu a incompreensão de colegas.

Tolerou críticas descabidas.

Teve o descrédito de companheiros.

Amargou períodos de solidão.

Superou obstáculos.

Finalizou com êxito as experiências.

Completado o trabalho, recebeu os aplausos da instituição e, como prêmio, foi alçado a funções mais elevadas.

Contudo, algum tempo depois, o professor pediu para voltar ao laboratório, disposto a passar novamente por dificuldades e incompreensões, a fim de prosseguir os estudos e aumentar o conhecimento.

*

Isso também acontece ao Espírito de elevada condição que volta ao corpo físico para novas experiências, sem o compromisso com expiações.

Aproveita o aprendizado.

Dá exemplo de fé.

Mostra perseverança.

Sofre com resignação.

E, apesar dos padecimentos e dificuldades na experiência material, vive com a paz no coração, pois busca o crescimento espiritual e sabe que não há conquista sem dor.

95
O ACABAMENTO

Cap. V – 10

Todos concordavam que João Feliciano encontrara a felicidade. Sucesso profissional. Casamento estável. Família organizada.

Pedreiro antigo na cidade, não lhe faltava serviço e era respeitado pelos clientes. Educado e gentil, trazia sempre um sorriso nos lábios e conquistava fácil a simpatia alheia. Os amigos lhe diziam, com alegria:

– João, você é um homem feliz.

E o pedreiro respondia, sorridente:

– Graças a Deus, graças a Deus.

Contudo, João Feliciano enfrentava sérios contratempos no lar, mas nunca comentava os incidentes, fora de casa. A esposa tinha crises de destempero verbal, ferindo-lhe o coração com palavras cruéis.

Certa vez, porém, resolveu falar com Ermenegildo, amigo espírita, em quem confiava. Começou o diálogo fazendo longo relato dos episódios desagradáveis e, depois, desabafou:

— A situação é muito difícil.

— Certamente que é.

— Ela se cuida, mas não adianta.

— É caso de paciência.

— É o que mais tenho. Ouço tudo, calado, até a crise passar.

— É melhor assim.

— Não sei por que isso acontece comigo. É ótima esposa. Os filhos são responsáveis. A vida é confortável.

— É assunto de reencarnação. Você ficou em dívida com ela, em vidas passadas. Agora, está expiando a falta, é sua oportunidade de ajudá-la. Cada existência física é um passo para o progresso espiritual.

O pedreiro pensou um momento na explicação do amigo e logo continuou a conversa, usando o palavreado de sua profissão:

— Construí minha família com muito carinho. Preparei o alicerce com esforço e trabalho. Ergui as paredes com os tijolos do respeito e a argamassa do amor.

Fiz a cobertura com o senso da responsabilidade. Digo que sou feliz, mas a felicidade não é completa.

O amigo interrompeu-lhe a fala e argumentou:

— É que na construção ainda falta alguma coisa.

João não escondeu a surpresa e perguntou, curioso:

— E o que mais pode faltar?

E Ermenegildo, sorrindo e abraçando o companheiro, finalizou:

— Falta o acabamento.

96
FELICIDADE COMPLETA

Cap. V – 10

O atleta sonhava com a alegria da vitória e aspirava ao título máximo, preparando-se com esmero.

Treinamentos diários.

Exercícios repetidos.

Provas de resistência.

Correção de erros.

Esforço continuado.

Superação do cansaço.

Aperfeiçoamento de técnicas.

Dedicação integral.

Após longo tempo de preparo e depois de ter adquirido condição física ideal, venceu todas as competições e foi admitido na galeria dos campeões.

*

É o que acontece também com o Espírito imortal. Percorre longa trajetória, rumo à perfeição.

Entrega-se ao esforço e trabalho.

Sofre expiações dolorosas.

Passa por provas difíceis.

Atinge a renovação íntima.

Só depois de ter superado interiormente as deficiências e após ter alcançado a transformação moral, tem permissão para entrar nos mundos ditosos e aí experimentar a completa felicidade.

97
A TENDÊNCIA

Cap. V – 11

Carolina Moreira tinha vida difícil. Marido intolerante. Filhos revoltados. Parentes irresponsáveis.

Espírita havia muitos anos, conquistara razoável conhecimento a respeito da reencarnação. Resgate de dívidas. Provas e expiações. Compromissos assumidos. Contudo, manifestava insistente desejo de conhecer detalhes de vidas passadas.

Na tarde de sábado, após o desempenho das tarefas no grupo assistencial a que pertencia, Carolina desabafava com as companheiras, repisando o tema de sua preferência:

— Eu queria saber o que fiz para merecer tamanho sofrimento.

Celeste, amiga íntima de longa data, tomou logo a palavra e contestou, mantendo o diálogo:

– É inconveniente. O esquecimento do passado é útil ao propósito da reencarnação. Recordar fatos de existências anteriores pode perturbar o encaminhamento das soluções. Realçar o ódio. Exaltar o orgulho. Enfraquecer a vontade.

– Então, é sofrer e não saber por quê.

– As tendências atuais dão a pista do que fomos e fizemos. A voz da consciência nos alerta para o cumprimento da prova.

Carolina ficou pensativa e exclamou, com voz sumida:

– Minha família é tão perturbada! Queria saber.

Celeste calou-se por algum tempo, indecisa quanto a dizer o que pensava. Por fim, ganhou coragem e falou:

– Sua tendência é sempre saber o que não deve. Talvez, no pretérito, você tenha sido a causa da perturbação.

– Eu? Como?

– Curiosa como é, deve ter feito muita confusão. Agora, veio consertar.

A partir daquele dia, Carolina perdeu a vontade de conhecer o passado.

98
OFICINA

Cap. V – 11

Após sucessivos acidentes, o veículo chegou à oficina bastante avariado.

Estrutura abalada.

Vidros estilhaçados.

Lataria retorcida.

Rodas quebradas.

Pneus destruídos.

A recuperação exigiu trabalho delicado e perseverante. Ao fim de algum tempo, porém, o veículo estava pronto, e sua aparência não revelava qualquer estrago anterior.

Rodas e pneus sem defeito.

Lataria recuperada.

Vidros novos.

Pintura de qualidade.

Contudo, quando o motorista foi manobrá-lo, percebeu que o veículo, apesar de totalmente renovado, ainda apresentava ruídos e defeitos, indicando a conveniência de outros reparos.

*

Este exemplo ilustra de alguma maneira a evolução espiritual. Colecionando erros e desvios, o Espírito eterno precisa da oficina da reencarnação.

Novo corpo.

Propósito renovador.

Passado esquecido.

Entretanto, apesar de não ter lembranças de vidas anteriores, o Espírito reencarnado percebe, no cotidiano, as tendências infelizes que ainda o acompanham do passado e reconhece a necessidade de corrigi-las, conforme o roteiro do Evangelho de Jesus.

99
Desconto

Cap. V – 12

Armínio Gonçalves era pessoa muito agradável. Educado. Gentil. Prestativo. Enorme círculo de amigos. Tinha, porém, antigo hábito de pedir sempre algum desconto no pagamento de suas contas.

Bastante estimado, a cidade inteira emocionou-se quando a enfermidade o surpreendeu, em plena madureza. Doença grave. Incurável. Dolorosa.

Retido no leito, recebia diariamente inúmeras visitas. Gerôncio comparecia, levando-lhe as lições do Espiritismo e o consolo do Evangelho.

– Tenha paciência, companheiro – dizia ele, com bondade.

– Faço o que posso – respondia Armínio, com desânimo.

A conversa se manteve por iniciativa de Gerôncio, que continuou:

– O sofrimento no corpo físico é fator de equilíbrio na evolução do Espírito. A reencarnação é a oportunidade de resgatar os erros cometidos em vidas passadas.

– A gente pede o sofrimento?

– Pede a expiação. As culpas, acumuladas em existências anteriores, são dívidas a serem pagas por imposição da consciência.

– Dívidas?

– Sim, dívidas perante a Lei Divina.

O doente pensou por um momento e logo, mais animado, dirigiu-se ao amigo:

– Você vai me ajudar. É um bom homem. Faça, por mim, um pedido a Deus.

Gerôncio se pôs à disposição e perguntou:

– Que pedido?

E Armínio prosseguiu, com um lampejo nos olhos:

– Um desconto em minhas dívidas.

100
BEM-AVENTURADO

Cap. V – 12

A doença era grave e a solução difícil. O cliente aceitou a explicação do médico e se dispôs ao tratamento prolongado.

Cirurgia ampla.

Pós-operatório doloroso.

Terapia intensiva.

Limitação de movimentos.

Restrição alimentar.

Após a recuperação cirúrgica, veio a terapêutica complementar.

Remédios enérgicos.

Aplicações incômodas.

Exames de avaliação.

Visitas frequentes ao hospital.

Entretanto, embora vivendo com desconforto, o cliente não reclamava. Tinha conhecimento de que, por algum tempo, cada instante de dor era um passo adiante na cura da enfermidade.

Apesar do sofrimento, estava feliz.

*

A reencarnação permite o resgate das dívidas morais do Espírito. O tratamento se processa em situações diversas.

Doenças físicas.

Transtornos psíquicos.

Dificuldades familiares.

Perdas e insucessos.

Provações dolorosas.

Contudo, é possível colher alguma felicidade no terreno arenoso do sofrimento quando se confia na Bondade Divina e se tem a disposição de buscar o progresso espiritual.

Quem sofre sem revolta e agradece a Deus a oportunidade de viver, este é o aflito bem-aventurado.

101
A CONVERSA

Cap. V – 13

Toda a cidade conhecia a história de Henrique Souza. Inteligência viva. Comunicação invejável. Engenheiro conceituado. Vítima de acidente, perdera os movimentos do corpo. Apenas a cabeça escapara da grave sequela.

Contudo, Henrique nunca mostrava abatimento e não reclamava de sua condição física. Ao contrário, esbanjava entusiasmo e dinamismo. Após o acidente, passou a trabalhar em consultoria para empresas de construção. Comparecia a cerimônias públicas e eventos sociais. Frequentava convenções e fazia palestras. Estudioso das obras espíritas, compreendera que atravessava período de provas rigorosas.

Os companheiros admiravam-lhe a conduta. Jordelino, porém, não se conformava com a resignação do engenheiro. Advogado e materialista convicto, tinha o costume de azucrinar os amigos em colóquios cansativos e impertinentes. Quando surgiu a oportunidade, abordou o assunto com Henrique.

— É difícil viver assim — comentou.

— As dificuldades existem em qualquer situação — respondeu, sorridente, o engenheiro.

Houve um instante de silêncio, mas logo o advogado prosseguiu o diálogo:

— No seu caso, é mais complicado.

— É a parte que me toca.

— Não entendo sua calma.

— Sei o que se passa comigo.

— Desse jeito, para sempre.

— É transitório. A existência no corpo físico é apenas estágio curto de aprendizado e testes. A verdadeira vida está na dimensão espiritual.

— Você sabe que não aceito.

— É por isso que não compreende.

Jordelino recolheu-se de novo a rápido silêncio. Depois, continuou, insistente:

— Não sente vontade de se mexer?

— Claro que sinto, mas não posso. A imobilidade

é a maneira pela qual a Providência Divina está me fazendo o bem.

– Não posso acreditar.

Nessa altura do diálogo, o engenheiro resolveu interromper a conversa. Fixou o olhar em Jordelino e disse, com fisionomia séria:

– Talvez, determinada imobilidade lhe fizesse bem.

O advogado reagiu e retrucou rápido, quase irritado:

– Que imobilidade é essa?

E Henrique arrematou, sorrindo e destacando cada palavra:

– A paralisia da língua.

102
Analogia

Cap. V – 13

A situação era realmente difícil.

Viagem longa.

Estrada ruim.

Condução precária.

Calor insuportável.

Os passageiros reclamavam, revoltados. Um deles, porém, tomava atitude diversa.

Mostrava serenidade.

Apreciava a paisagem.

Sorria a cada contratempo.

O passageiro diferente também sofria o desconforto. Contudo, mantinha-se calmo e confiante, pois sabia que, terminada a viagem, seu trabalho estaria concluído e teria, como recompensa, o alegre aconchego do lar.

*

Esta situação tem alguma analogia com a trajetória evolutiva. A reencarnação, muitas vezes, é também percurso desconfortável.

Experiências atribuladas.

Corpo enfermo.

Compromissos sufocantes.

Entretanto, havendo compreensão, paciência e fé na Bondade Divina, a existência física não passa de curta e penosa viagem que, bem suportada, termina na vida espiritual com a felicidade e a paz da missão cumprida.

103
PRATO REQUENTADO

Cap. V – 14 e 15

A situação de Orosimbo Figueira era realmente invejável. Empresário bem-sucedido. Vida confortável. Compromissos em dia.

Homem honesto e gentil, granjeara o respeito e a simpatia dos habitantes da pequena cidade. Era presença exigida em todas as solenidades de importância. Participava ativamente das iniciativas comunitárias. Associações de classe. Clubes de serviço. Instituições de caridade.

Cidadão respeitado por seu dinamismo e trabalho, conquistara precioso círculo de amizades. Entretanto, embora inteligente e culto, era alheio aos assuntos espirituais. Incrédulo, não aceitava a continuidade da vida após a morte. Felisberto, médico espírita e antigo colega de escola, dizia-lhe sempre:

– Orosimbo, você se realizou na vida material. Estude o Espiritismo, a fim de conhecer a vida espiritual, preparar-se para ela.

O empresário, porém, respondia com um sorriso:

– Estou bem com a vida que tenho. Não preciso de outra.

Orosimbo continuou trabalhando e realizando, sempre considerado cidadão exemplar. Contudo, quando tomou conhecimento da doença que o consumia, mudou de atitude. Tornou-se agressivo e egoísta. Passou da sobriedade aos abusos. Começou a agir com inconsequência. Nessa fase, reencontrou Felisberto e fez um desabafo:

– Minha vida acabou – disse, revoltado.

– A medicina tem muitos recursos – ponderou o colega, calmo.

Orosimbo prosseguiu e manteve o diálogo:

– O mal é incurável. Vou morrer.

– A vida continua após a morte do corpo.

– Não acredito.

– É hora de repensar.

O empresário interrompeu, por um instante, a conversa. Depois, mostrando contrariedade, falou, irônico:

– Repensar é como requentar comida. Não gosto.

Felisberto fez que não ligou para a agressão do amigo e, levantando-se para sair, ainda comentou, com paciência:

– Você está certo. É questão de gosto. Quanto a mim, prefiro o prato requentado ao prato vazio.

E se despediu.

104
Internação

Cap. V – 14 e 15

Na enfermaria do hospital, os pacientes conversavam sobre as dificuldades do momento, quando um deles se exaltou.

Reclamava do ambiente.

Execrava a doença.

Desconfiava do tratamento.

Detestava os remédios.

Os companheiros procuravam confortá-lo e esclarecê-lo, mas o colega rebelde parecia tomado de loucura momentânea.

Esmurrava as paredes.

Rolava no leito.

Jogava-se no chão.

Falava aos berros.

Logo, precisou de atendimento enérgico por equipe especializada, enquanto ainda gritava não suportar aquela situação e não haver esperança de dias melhores no futuro.

Os demais pacientes estavam tranquilos, pois cultivavam a certeza de que a permanência no hospital era curta e, após o tratamento, uma vida mais feliz os aguardava.

*

A existência física é também internação transitória no corpo material, para o tratamento das mazelas do Espírito.

Descaminhos do passado.

Dívidas morais.

Desacerto nos sentimentos.

Atos lesivos ao próximo.

O tratamento longo é penoso e os remédios são amargos. Contudo, vale a pena se informar a respeito da vida além do túmulo e saber que a reencarnação é internação de curto prazo, pois o conhecimento espírita é o melhor preventivo contra o desespero e o desequilíbrio perante as dificuldades nos caminhos da evolução.

105
Qualquer sacrifício

Cap. V – 16 e 17

Nininha Fernandes tinha a vida que sonhara. Moça bonita. Presença simpática. Nos eventos sociais, era alvo de admiração, sempre cercada de rapazes, fazendo-lhe a corte.

Voltada aos aspectos materiais da existência, não se importava com mais nada. Interessava-lhe mesmo a silhueta física, os adereços, o corte do cabelo. Para ela, a beleza era o mais importante.

Quando ocorreu o acidente, o rosto formoso foi bastante danificado. Apesar do tratamento competente e prolongado, restaram marcas que lhe modificaram a fisionomia.

Nininha ficou chocada. Entristeceu-se. Trancou-se em casa. Pensou em suicídio. A família e os amigos procuravam animá-la, mas a jovem respondia, indiferente:

– Minha vida não vale mais nada.

Neusa, a vizinha espírita que, desde o acidente, dava-lhe assistência diária, tentava acordá-la para a realidade espiritual. Falava da vida após a morte. Discorria sobre a dor e o sofrimento na vivência do corpo. Ressaltava o valor da fé e da esperança.

Numa dessas ocasiões, tiveram significativo diálogo. Nininha começou.

– Sofro porque não sou mais bonita. Quero morrer.

– A vida não é só o corpo. O Espírito é mais importante.

– Ninguém vê o Espírito. Vê o corpo. E meu rosto perdeu a beleza.

– O Espírito usa o corpo para se aperfeiçoar. As provações, quando suportadas com paciência e resignação, embelezam a alma.

– Tenho sofrido muito. Então, minha alma já é bela. Vou me matar.

– O suicídio não é a solução. Mata o corpo e transtorna o Espírito. Fica feio.

Nininha calou-se. Parecia pensar sobre a conversa. Depois, voltou ao assunto:

– Quer dizer que o sofrimento sem revolta embeleza a alma? Então, está decidido. Não me queixo mais e vou esperar.

A vizinha não entendeu a reação da jovem e perguntou, ansiosa:

– Esperar o quê?

E Nininha retrucou, firme:

– Faço qualquer sacrifício para ser bonita. Vou esperar a morte.

106
O MAPA E A BÚSSOLA

Cap. V – 16 e 17

A jornada era difícil, mas o viajante não desistiu.

Percorreu trilhas estreitas.

Subiu escarpas íngremes.

Penetrou floresta densa.

Remou em águas perigosas.

Atravessou regiões áridas.

Caminhou sob sol causticante.

Enfrentou temporais repentinos.

Suportou o frio da noite.

Apesar dos obstáculos e do cansaço, o viajante sempre manteve a esperança, pois tinha em mãos o roteiro e a orientação que lhe garantiam a certeza de que, após o esforço árduo, encontraria o povoado acolhedor.

*

Na jornada terrestre, acontece o mesmo com o Espírito comprometido com as provas da reencarnação. As dificuldades são inúmeras.

Deficiências do corpo físico.

Solidão e conflitos existenciais.

Compromissos de família.

Trabalho exaustivo.

Contudo, a coragem e a esperança afastam o Espírito reencarnado do suicídio, desde que traga consigo o mapa e a bússola que lhe deem a certeza de uma vida melhor após a peregrinação terrestre.

O mapa é o conhecimento espiritual. A bússola, o Evangelho de Jesus.

107
O PARAFUSO

Cap. V – 18

Azarias Moutinho adoeceu. Homem de poucas palavras. Temperamento forte. Tolerância mínima.

Eram conhecidas suas explosões repentinas. Contudo, era estimado por todos. Carpinteiro exímio. Companheiro leal. Profissional respeitado.

Quando a enfermidade se instalou, obrigando-o ao repouso em casa, Azarias ficou com os nervos à flor da pele. Reclamava de tudo. Gritava. Exigia. A esposa já não sabia mais o que fazer. Apelou para velho conhecido da família. Josino, professor e espírita, colocou-se à disposição para uma conversa mais longa com o amigo.

No dia aprazado, logo que o viu, Azarias disparou, iniciando o diálogo:

— Lá vem você com suas ideias. Não quero ouvir.

– Compreendo seu problema. É difícil.

– Não suporto essa doença.

– A dor é teste de paciência.

– Tenho sofrido muito. Até mereceria o céu, mas reconheço que não tenho paciência.

– É hora de adquirir. O sofrimento é oportunidade de renovação íntima, mas com revolta não garante a paz na vida espiritual.

Mal acabara de pronunciar a última palavra, Josino ouviu sua cadeira estalar. Levantou-se e percebeu um parafuso solto. O carpinteiro logo justificou:

– É a rosca que se gastou. Não dá aperto.

O professor teve, então, uma ideia. Trocou de cadeira e, continuando a conversa com a peça danificada na mão, afirmou ao amigo:

– Sua condição é mais ou menos assim.

Azarias ficou em silêncio, esperando a explicação. E Josino, sem mais demora, concluiu:

– Sofrimento sem resignação é como o parafuso desgastado. Não resolve.

108
CORAGEM

Cap. V – 18

O temporal desabou sobre a região, causando inúmeros estragos.

Chuva torrencial.

Enchentes.

Queda de árvores.

Corte de energia elétrica.

Pânico dos habitantes.

Um morador, porém, usou de calma e coragem. Confiante em suas possibilidades, passou a ajudar os vizinhos.

Venceu a forte correnteza de riachos.

Enfrentou ameaça de desabamentos.

Atravessou enxurradas perigosas.

Retirou famílias de suas casas.

Procurou por moradores ilhados.

Salvou animais e pertences.

Quando todos já se encontravam em lugar firme, o homem sorriu. Apesar de cansado e ferido, estava satisfeito, pois fora mais forte e vencera o medo e a insegurança.

*

O mesmo acontece com as provações na vida física. O Espírito encarnado passa por inúmeros temporais de sofrimento.

Perda de entes queridos.

Períodos de solidão.

Momentos de dor.

Incertezas e injustiças.

Contudo, se ele conserva a fé no Alto, submete-se à vontade de Deus e segue o roteiro do Evangelho, torna-se mais forte e é capaz de superar seus ímpetos de revolta e desespero diante dos amargores da vida, porque realmente compreendeu a lição de Jesus e conquistou a coragem de vencer a si mesmo.

109
O FERMENTO

Cap. V – 19

A vida de Timóteo Albuquerque fora pontuada de vitórias. Começou do nada e, em pouco tempo, de progresso em progresso, atingira alta posição no comércio da cidade. Era negociante competente. Empreendedor. Perseverante. Sempre agradecia a Deus cada sucesso conquistado.

Contudo, por circunstâncias alheias à sua vontade, os negócios mudaram de rumo. A economia da região sofrera abrupto revés, e Timóteo perdeu grande parte de suas conquistas. Desde então, na direção de pequena padaria, abandonara o sentimento religioso e cobrira-se de amargura.

Nos raros encontros com os companheiros, mostrava a fisionomia abatida e falava com tristeza:

— Trabalhei muito e não tenho quase nada. É injustiça.

Júlio, que era farmacêutico e estudioso do Espiritismo, levou palavras de estímulo ao velho amigo, abrindo o diálogo:

— Timóteo, é preciso confiar na Misericórdia Divina. Retomar a fé. Esperar dias melhores.

— Estou derrotado. Só me resta sofrer.

— O sofrimento é ocasião de paciência e perseverança. Deus permite a dor para o acerto de contas com a consciência e para a transformação moral. É a oportunidade de remissão das faltas cometidas em outras vidas, no passado. Não há mal sem remédio.

— Então, você, que é do ramo, descubra um remédio para o mal que me aflige.

A conversa se dava junto ao balcão da padaria, e o comerciante havia oferecido ao farmacêutico um pedaço de vistosa rosca. O amigo elogiou:

— Está uma delícia! Leve e macia. Qual o segredo?

O comerciante respondeu, satisfeito:

— É o fermento. Sem ele, seria um osso duro de roer.

Júlio, entre uma mordida e outra, comentou:

— Então, este é o seu remédio.

Timóteo não entendeu, e o companheiro logo completou:

– A vida é dura, e a fé em Deus é o fermento que a ameniza.

O confeiteiro, após um momento de silêncio, perguntou:

– O que significa isso?

E o farmacêutico disse, sorridente:

– Você é ótima massa. Só falta o fermento da confiança no Alto. A fé é o remédio do sofrimento.

110
MEDICAÇÃO

Cap. V – 19

Enquanto exercia atividades técnicas e administrativas, o bombeiro estava alegre e agradecia aos superiores as oportunidades recebidas. Entretanto, quando foi destacado para missões mais difíceis, mudou de comportamento.

Ficou decepcionado.

Alegou desconsideração.

Sentiu-se perseguido.

Resistiu ao trabalho.

Reclamou da situação.

Indispôs-se com o chefe.

Embora tendo benefícios, o bombeiro não percebeu que as novas tarefas eram necessárias ao seu progresso profissional, a fim de que, mais adiante, recebesse promoções vantajosas, garantindo-lhe futuro melhor.

*

Isto é o que acontece, muitas vezes, com o Espírito reencarnado.

Saúde em dia, sucessos nos empreendimentos e vitórias seguidas fazem-no feliz e agradecido a Deus, pelos benefícios recebidos. Contudo, quando a Lei de Causa e Efeito exige situações mais penosas, a conduta se altera.

Desequilíbrio nas doenças.

Revolta na derrota.

Inconformação nas dificuldades.

Abandono da fé.

Tal rebeldia, porém, não lhe permite entender que a provação dolorosa é necessária ao seu progresso espiritual, age como medicação amarga aos males do passado e, embora traga dor e sofrimento, é a garantia de paz e felicidade na vida futura.

111
INFELICIDADE

Cap. V – 20

A vida de Ernesto Pedreira era um sucesso. Trabalhador incansável. Cumpridor das obrigações. Comerciante abastado.

Quando mais jovem, fora balconista de loja. Depois, montou o próprio comércio. Dedicado ao trabalho e competente nos negócios, progrediu com rapidez. Estava feliz com a posição que alcançara e a família que constituíra.

Contudo, na época das mais profícuas realizações, a doença o surpreendeu. Abalou-se com a enfermidade repentina. Retraiu-se. Afastou-se dos encontros com os companheiros.

A Jesuíno, amigo de muitos anos, confessou com tristeza:

– Tinha tudo para ser feliz, mas essa surpresa... Mundo estranho.

O companheiro, espírita de longa experiência, comentou, judicioso:

– A felicidade nunca é completa.

Após um instante de silêncio, Ernesto tomou a iniciativa. Reiniciou o diálogo, afirmando:

– Antes, eu não tinha nada e era sadio. Agora, tenho sucesso e estou doente.

– Com certeza, a felicidade não é deste mundo.

– Quer dizer que, para ser feliz, é preciso mudar de mundo?

– Um mundo melhor do que o nosso.

– Seu comentário valeu. Estou conformado.

Jesuíno não entendeu, mas o comerciante logo completou:

– Fico infeliz neste mundo mesmo.

112
MERECIMENTO

Cap. V – 20

O infrator da lei foi encaminhado à casa de correção, onde a perspectiva de felicidade era quase inexistente. O jovem, porém, estava disposto a pagar pelos erros e mudar de vida.

Suportou a falta de liberdade.

Aceitou a disciplina rigorosa.

Adaptou-se ao regime de restrições.

Cumpriu o programa de reeducação.

Aguentou o isolamento prolongado.

Superou atitudes inconvenientes.

Mostrou respeito aos superiores.

Foi solidário com os companheiros.

Dedicou-se ao aprendizado de ofícios.

Executou tarefas definidas.

E de tal forma mudou o comportamento que, depois de determinado tempo, mereceu a transferência para outro centro de reabilitação, mais avançado, onde continuou o processo de recuperação com maior conforto e alegria.

✳

O quadro descrito lembra o Espírito infrator das Leis Divinas.

A reencarnação na Terra é a casa de correção, onde vai resgatar os desvios acumulados em vidas anteriores. Segregado no planeta de provas e expiações, não será completamente feliz e passará por provações dolorosas.

Contudo, após certo período de experiências, se for obediente à vontade de Deus e fizer o esforço da transformação moral, terá o merecimento de viver em mundo mais evoluído, onde, com toda a certeza, encontrará a felicidade.

113
SOLUÇÃO AMARGA

Cap. V – 21

O filho de Daniel Borba era caso difícil. Adolescente. Rebelde. Arrogante. Ausente da escola e do trabalho digno, juntara-se a pessoas de conduta duvidosa e quase sempre se envolvia em confusões.

Debalde os pais tentaram afastá-lo das companhias comprometedoras. O jovem recusava qualquer ajuda. Agredia os familiares. Atormentava a vizinhança. Desprezava os conselhos para que mudasse de vida.

Um dia, durante aventura perigosa, morreu em condições estranhas. Daniel recebeu a notícia com grande sofrimento. Após as cerimônias fúnebres, conversou com Eufrásio, espírita e amigo de muitos anos.

– Era muito moço – lamentou com voz quase sumida.

– Estava com a vida complicada – respondeu Eufrásio com firmeza.

Daniel quis prosseguir o assunto. Tomou a iniciativa do diálogo, dizendo:

– Antes eu tivesse morrido, estou velho. Ele era muito jovem.

– A morte prematura, às vezes, é solução dolorosa. Seu filho caía no abismo. O desenlace interrompeu a queda.

– Apesar disso, gostaria que estivesse vivo, entre nós.

– Ele estava morto havia tempo.

Daniel olhou assustado para o amigo e falou:

– Não entendo.

Eufrásio, porém, abraçou fraternalmente o companheiro e explicou, encerrando o assunto:

– Estava morto, moralmente. A morte física foi solução amarga para que a Bondade Divina possa recuperá-lo.

114
Promoção

Cap. V – 21

O rapaz candidatou-se a uma vaga na grande empresa.

Submeteu-se a entrevistas.

Provou a aptidão física.

Passou por período de testes.

Foi aprovado.

Logo, estava na linha de produção da fábrica e, embora fosse o mais moço entre todos os funcionários, agia com acerto e eficiência.

Era assíduo.

Interessava-se pelo trabalho.

Aprendia facilmente o ofício.

Manobrava com habilidade as máquinas.

Ajudava os colegas.

Tinha a confiança dos chefes.

Contudo, pouco tempo depois, sob lamento e protesto dos companheiros mais velhos e experientes, foi promovido a setor avançado do serviço, onde teria possibilidades maiores de continuar seu progresso na empresa.

*

Quase sempre não entendemos os desígnios da Providência Divina.

Quando um jovem deixa prematuramente o corpo físico, os sinais de reação são fortes.

Lágrimas e dor.

Revolta e incompreensão.

Contudo, a Doutrina Espírita ensina que, muitas vezes, a morte prematura é promoção, pois o Espírito reencarnado retorna à pátria de origem, onde vai encontrar oportunidades significativas de evolução e a tão desejada paz de consciência.

115
Diálogo insistente

Cap. V – 22

A morte de Alfredo Dantas, após grave e fulminante doença, comoveu toda a cidade. Homem dinâmico. Coração bom. Exemplo de caridade.

Além de conceituado professor, passou a vida entre as obras sociais. Erguera creches. Dirigira casas de assistência. Garantira a distribuição de alimentos aos necessitados. Tantas qualidades tinha e tão dedicado era ao bem-estar dos outros, que se tornou referência de bondade e amor ao próximo.

Por isso, sua morte surpreendeu a comunidade e provocou reações de natureza diversa. O assunto era obrigatório em todos os lugares. Os amigos estavam inconformados e, entre eles, alguém dizia alto e bom som:

– Há muita gente ruim por aí. E o bom é quem vai embora. Morreu o homem errado.

Jacinto, espírita como Alfredo, e seu companheiro mais íntimo por longo tempo, procurava acalmar os ânimos. Recordando os ensinamentos doutrinários, falava com firmeza:

— Alfredo partiu logo porque é bom e terminou seu trabalho.

Contudo, o amigo mais exaltado não se conformava. Sustentou diálogo insistente com Jacinto, afirmando com convicção:

— Aqui também precisa de gente boa. Ele devia ter ficado. Que outro pior fosse.

— O mundo é uma escola, e cada existência é um período no longo curso da evolução. Quem passa de ano merece o descanso. Nosso irmão cumpriu bem sua tarefa.

— Então, quem vive muito na Terra está sendo reprovado no tal curso?

— Depende da necessidade de cada um. Alguns precisam de períodos prolongados no corpo físico. Vivem muito, para aprender mais.

Jacinto já dava por terminada a conversa quando o companheiro, nervoso, voltou à carga, interrogando com ironia:

– E quem não passa de ano, como é que fica?

O amigo manteve a calma e respondeu com bom humor:

– Fica como você, sempre repetindo a mesma coisa.

Abraçou o companheiro e encerrou o assunto.

116
MIOPIA

Cap. V – 22

Quando a direção da empresa afastou o executivo de suas funções, o colega de escritório contestou com veemência e arrolou as qualidades do funcionário.

Executivo exemplar.

Competente na especialidade.

Conhecedor do serviço.

Cumpridor das obrigações.

Amigo dos colaboradores.

Respeitado pela concorrência.

Influente nas assembleias.

Confidente dos companheiros.

Conselheiro benévolo e disponível.

O colega exaltado ainda questionou o não afastamento de outro funcionário menos eficiente. Contudo, o que ele não sabia é que o executivo fora premiado, por seu trabalho, com vantajosa aposentadoria e a possibilidade de prosseguir sua carreira com proveito, em outras circunstâncias.

*

Tais situações ocorrem conosco também quando não entendemos os desígnios de Deus.

Alimentamos a revolta perante a perda de entes queridos, negando a ocasião de aprender sobre a fé. Reclamamos das dificuldades naturais do caminho, desprezando a possibilidade de aprimorar os sentimentos. Contestamos os acontecimentos que nos desagradam, esquecidos da oportunidade de exercitar a resignação. Distantes da Lei Divina, sofremos de miopia espiritual e não reconhecemos o bem nas aparências do mal.

Busquemos, pois, os ensinamentos do Evangelho revividos pela Doutrina Espírita e saibamos quem somos, de onde viemos e para onde vamos, pacificando nosso coração. Isto será suficiente para reconhecer que nossos problemas são muito pequenos diante da grandeza de Deus, que tudo vê e tudo providencia.

117
INVEJA

Cap. V – 23

Sinhazinha Braga era eficiente tarefeira na assistência aos necessitados e tinha muitas qualidades, mas um sério problema a atormentava: era invejosa. Nunca estava satisfeita. Sofria por não ter o que outros tinham. Queria o cabelo ou os olhos de uma companheira, a posição social de outra e assim por diante. Vivia contrariada.

Naquela tarde, quando uma colega de tarefas chegou em automóvel novo, ficou mortificada. Eulália, coordenadora do grupo assistencial, percebeu o rosto contrafeito da amiga. Aproximou-se para conversar. Perguntou com bondade:

– O que está acontecendo?

Sinhazinha respondeu, quase em lágrimas:

– Estou infeliz. Não tenho o que desejo.

Eulália manteve o diálogo e continuou com carinho:

— É preciso superar esta dificuldade. Deus nos dá o que precisamos.

— Mas há tanta coisa que não tenho.

— A Doutrina Espírita ensina que o que não temos hoje é o que desperdiçamos no passado.

— Então, é um aprendizado?

— Sim, aprendizado para valorizar o que não aproveitamos dignamente em outras existências. Esqueça os caprichos da vida física. Valorize as conquistas morais. Cultive a paz no coração.

A tarefeira ouvia, embevecida, os esclarecimentos da coordenadora. Sorria. Argumentava. Parecia entender tudo. De repente, porém, mudou de atitude. Baixou a cabeça, começou a chorar e falou com voz quase sumida:

— É maravilhoso o que você diz, mas estou sofrendo com sua presença.

E, antes que Eulália pudesse dizer algo, Sinhazinha completou:

— Estou sofrendo, porque queria ser como você.

118
ILUSÃO

Cap. V – 23

A senhora exigiu do bom e do melhor para a luxuosa mansão.

Jardins imensos.

Alamedas floridas.

Estilo clássico.

Entrada monumental.

Escadaria sinuosa.

Salas requintadas.

Dependências funcionais.

Suítes de bom gosto.

Móveis finíssimos.

Área de lazer completa.

Contudo, apesar da construção bem feita, decoração apurada e conforto, a senhora achava defeito em tudo. Queria mudanças. Estava infeliz.

*

Algo parecido acontece conosco na existência física.

Almejamos o sucesso material e desprezamos a conquista interior.

Buscamos satisfazer caprichos ilusórios e refugamos a renovação íntima.

Corremos atrás da felicidade, imaginando-a fora de nós, quando realmente está no coração em paz.

119
O PEDIDO

Cap. V – 24

Jandira Costa era boa pessoa. Presença simpática. Conversa agradável. Gestos delicados.

Apesar do pouco estudo, tinha algum conhecimento espírita. Trabalhava como voluntária na assistência aos necessitados e tornou-se exemplo de eficiência e disciplina.

Contudo, era fascinada por doces. Perdia o equilíbrio diante da compota e do pudim. Dizia às companheiras, enquanto saboreava um pedaço de bolo com cobertura:

– Minha felicidade é o açúcar.

Com o correr do tempo, Jandira passou a sofrer de grave enfermidade que exigia dieta severa. Teve de abandonar os confeitos. Ficou inconformada. Quando

Zélia, também espírita e amiga de infância, foi visitá-la, ela reclamou:

— Estou infeliz. Nada de doce.

Zélia, consternada com a situação da companheira, procurou confortá-la, surgindo o diálogo:

— A doença física é oportunidade de mudança de hábitos. Prepara a alma para a vida eterna.

— Tenho pensado nisso. Contudo, não tenho mais alegria.

— Você encontrará a felicidade no mundo espiritual.

— Sinto que logo vou deixar o corpo material. Fiz um pedido ao Alto. Um presente quando chegar ao outro lado da vida.

Zélia se surpreendeu e perguntou, curiosa:

— Um presente?

E Jandira, brilhando os olhos e engolindo a saliva, respondeu:

— Um pote de geleia.

120
CAUSA

Cap. V – 24

Quando viu o anúncio da festa, o jovem sorriu e preparou-se para o evento.

Reuniu os recursos necessários.

Adquiriu logo os ingressos.

Reservou os melhores lugares.

Providenciou roupa adequada.

Escolheu os acessórios.

Combinou com os amigos.

Garantiu o transporte.

Na festa, o jovem expandiu-se em alegria e aproveitou todas as oportunidades de diversão.

Dançou com frequência.

Exibiu-se como cantor.

Fez parte de bloco a caráter.

Participou de concurso.

Cometeu abusos alimentares.

Durante todo o tempo, o festeiro entregou-se a todo tipo de prazer. Contudo, no dia seguinte, estava doente, sofrendo dor e desconforto.

*

Observemos que este é nosso procedimento na vida física.

Perseguimos a alegria a qualquer custo, sem atentar nas consequências, de tal forma que, muitas vezes, a felicidade que buscamos é com certeza causa de infelicidade.

121
MELANCOLIA

Cap. V – 25

Foi grande a surpresa com a mudança de Judite Borba. Tinha o humor expansivo. Riso solto. Prosa fácil. Entusiasta dos estudos espíritas e da assistência fraterna. Festejada em todas as reuniões, movimentava o encontro com as amigas.

Contudo, as decepções com a família foram minando, pouco a pouco, sua alegria espontânea. Olhos tristes. Postura cabisbaixa. Sorriso melancólico. As companheiras se preocupavam e tentavam alterar a situação. Sem sucesso.

Na visita que lhe fez, Solange manteve com ela significativo diálogo. A amiga começou a conversa.

– Afaste a melancolia. Cultive o otimismo. Os problemas passam.

– No meu caso, não. Minha família é tortura permanente.

– Dificuldades familiares são dívidas do passado, a serem resgatadas por intermédio do reencontro na reencarnação. Caridade, entendimento, perdão, paciência, tolerância são as moedas para o pagamento.

– Então, meu caso é muito difícil.

– Por que difícil? Você tem tantos recursos.

Judite, porém, interrompeu a fala da companheira e arrematou com tristeza:

– É moeda demais.

122
RESISTÊNCIA

Cap. V – 25

O alpinista olhou para cima e percebeu a dificuldade.

Montanha alta.

Encosta escarpada.

Terreno íngrime.

Contudo, tinha uma missão a cumprir e foi adiante.

Preparou o equipamento próprio.

Planejou o trajeto a seguir.

Detalhou o esquema de segurança.

Revisou o material de sobrevivência.

Contornou a ameaça do medo.

Venceu as inquietações.

Superou o sentimento de impotência.

Após algum tempo de escalada, o alpinista chegou ao destino, comemorando a vitória ao lado dos amigos que o aguardavam para a tarefa em conjunto.

*

Situação parecida ocorre na reencarnação.

O Espírito se vê diante de uma montanha de dificuldades. Contudo, se resiste a essas impressões melancólicas e enfrenta com coragem a luta das provações, vai chegar ao mundo espiritual com o sorriso da vitória e a paz do dever cumprido.

123
O REMÉDIO

Cap. V – 26

Arminda Pacheco era nervosa, mas dava gosto ver seu trabalho na assistência aos necessitados. Boa vontade. Organização. Eficiência. Dirigia o núcleo de enxovais aos recém-nascidos. Costureira de profissão, tinha experiência e habilidade para a tarefa.

Apesar de geniosa, era muito estimada na pequena cidade. Passava apertos em casa. Vida difícil. Pouco recurso. Quando adoeceu, os companheiros fizeram questão de lhe oferecer o melhor atendimento. Médico competente. Exames necessários. Remédios na mão. Contudo, Arminda não se conformava. Vivia contrariada. Torturava-se com a duração do tratamento.

A vizinha Januária, amiga mais assídua na sua assistência, tentava acalmá-la. Naquele dia, o diálogo foi iniciado pela companheira, que lhe falou com bondade:

— Tenha calma, Arminda. Você ficará bem.

— Estou mal, muito mal.

— O tratamento está dando certo.

— É demorado.

— A Bondade Divina permitiu o abrandamento de sua prova. Está doente, mas tem médico, remédio, assistência.

— Diz isso porque não é com você. Quero me curar logo, preciso de mais remédio.

A vizinha interrompeu a conversa. Pensou por um momento e logo voltou a falar:

— Você tem razão. Precisa mesmo de mais um remédio.

Arminda abriu um sorriso de vitória e perguntou, curiosa:

— Que remédio?

Januária, levantando-se para as despedidas, arrematou, séria:

— Algumas gotas de paciência.

E saiu do recinto, enquanto a companheira resmungava, contrariada.

124
SACRIFÍCIO FÍSICO

Cap. V – 26

A mulher, dizendo-se temente a Deus, praticava todo tipo de sacrifício.

Jejuns severos.

Genuflexões demoradas.

Orações longas.

Autoflagelação.

Com o tempo, foi tornando cada vez mais rigorosos os sofrimentos a que se impunha.

Dormia no chão.

Regrava alimentos.

Fugia do conforto.

Afastava o lazer.

Evitava a convivência.

Estimulava a dor.

Afirmava que o flagelo do corpo purificava a alma. Contudo, quando a vizinha lhe pedia alguma providência ao filho doente, a mulher desfiava um rol de desculpas e não dava um passo para ajudá-la.

*

Convém reconhecer certos enganos. É puro egoísmo imaginar que o sacrifício físico melhora a alma, sem que haja algum objetivo definido quanto ao próximo e à transformação moral.

Sacrificar o corpo, sem que isto resulte em benefício a alguém, não passa de desprezo à saúde.

125
A MULTA

Cap. V – 27

— Quem deve que pague!

Era assim que falava Tadeu Rangel. Homem de poucas letras. Verbo ríspido. Fisionomia enfezada. Conhecido pelo temperamento forte, tinha ideias estranhas a respeito do sofrimento na reencarnação.

Naquele final de tarde, ao lado do amigo Frederico, caminhava pelas alamedas da praça. A conversa girava em torno dos débitos de vidas anteriores e do socorro aos que sofrem. Tadeu prosseguiu, nervoso:

— A dívida é do devedor. Nada tenho com isso.

Frederico, recordando as lições do Evangelho, argumentava:

— Jesus ensinou o amor ao próximo. É nosso dever aliviar o irmão que vive sob o peso de provações dolorosas. Fazer a ele o que gostaríamos que ele fizesse a nós. É missão ou prova que Deus nos dá.

Tadeu ficou pensativo, mas logo retrucou:

— Não concordo. Aquele que tem dívida deve pagar. E o mau pagador ainda leva multa.

De repente, Tadeu vacilou no passo. Fez careta de dor. Sentou-se em banco próximo. Havia torcido o tornozelo. Olhou para o amigo e comentou, mais manso:

— Preciso de sua ajuda. Não consigo firmar o pé.

Frederico sorriu e falou, irônico:

— Vou ajudá-lo, apesar de suas ideias. Observe que você machucou justamente o pé do reumatismo. É dor sobre dor.

Tadeu ficou intrigado e perguntou, curioso:

— E o que tem isso?

Frederico, quase às gargalhadas, completou com voz pausada:

— É a multa. Você é mau pagador.

126
O CICLISTA

Cap. V – 27

O ciclista avançou o sinal e entrou abruptamente na movimentada avenida.

    Acidente inevitável.

    Freadas bruscas.

    Buzinas estridentes.

    Barulho seco.

    Grito de dor.

    Corpo no chão.

As pessoas próximas deram os primeiros socorros, enquanto aguardavam o resgate especializado.

    Evitaram mobilização.

    Estancaram hemorragia.

    Providenciaram aquecimento.

    Impediram aglomerações.

Logo, a ambulância chegou e conduziu o acidentado para o tratamento necessário. Embora tivesse culpa nos acontecimentos e estivesse sujeito às penalidades da lei, o ciclista não foi abandonado pelos circunstantes. Ao contrário, recebeu deles todo o carinho e toda assistência.

*

Observemos nossa conduta no corpo físico e auxiliemos os irmãos de jornada terrestre mergulhados em provas dolorosas, expiando as culpas do passado.

Aliviemos suas dores.

Apoiemos seu esforço de renovação íntima.

Amparemos seus passos vacilantes.

Não os deixemos entregues a si mesmos, e procuremos socorrê-los em suas necessidades. A Providência Divina oferece a eles a oportunidade de resgatar dívidas de existências anteriores, mas dá a todos nós a ocasião de exercermos o bem, já nesta vida.

127
O MINUTINHO

Cap. V – 28

Ritinha Modesto tinha ideia definida a respeito de enfermidade grave. Preferia abreviar a vida que sofrer. Cozinheira experiente e auxiliar ativa no grupo assistencial, recebia advertências constantes das companheiras. Laura, a mais próxima e preocupada, falava-lhe com frequência sobre o assunto:

— Essa ideia é contrária ao sentimento cristão. Só Deus marca a hora de nossa partida.

Ritinha, porém, retrucava de imediato:

— Sofrimento é inútil. Se a morte é inevitável, que venha logo.

Laura ainda insistia com convicção:

— Um minuto a mais no corpo é importante. Pode definir a situação espiritual.

Ritinha ficou pensativa com o último argumento da amiga, mas não mudou de opinião. O tempo correu. Dificuldades surgiram. Doença incurável. Dores atrozes. Hospital.

Quando, certo dia, Laura lhe prestava assistência, o médico entrou para a visita rotineira. A enferma o abordou rapidamente:

— Preciso fazer-lhe um pedido.

A amiga estremeceu. Com certeza, era aquela ideia inconveniente de abreviar a vida. Ritinha, porém, após pequena pausa, retomou a palavra e completou, ansiosa:

— Doutor, quando eu estiver muito mal, faça de tudo para me dar, pelo menos, mais um minutinho.

128
Minuto a mais

Cap. V – 28

Os candidatos se apresentaram para o exame de seleção.

Muitas questões.

Horário restrito.

Assuntos diversos.

Dissertações longas.

Problemas difíceis.

Equações complicadas.

Era visível a preocupação de todos os alunos. Um deles mostrava maior aflição, por causa da escassez de tempo.

Escrevia com rapidez.

Esmerava-se nas respostas.

Conferia os cálculos.

Revisava os argumentos.

Quando o professor anunciou o encerramento da prova, o aluno pediu um momento para terminar. Depois, soube que foi aprovado exatamente em razão do instante a mais, quando pôde corrigir grave erro em importante questão.

*

Algo semelhante acontece conosco.

Nos momentos derradeiros da experiência física, amparemos o irmão que sofre, mas não lhe abreviemos a vida, pois um minuto a mais no corpo pode ser muito importante para a conquista da paz no mundo espiritual.

129
DISFARCE

Cap. V – 29

Jacinto Modesto fazia parte do Corpo de Bombeiros. Temperamento expansivo. Disposição ao trabalho. Saúde em dia.

Quando, em certa época, sofreu forte desilusão, deixou-se abater por resistente tristeza. Não queria mais viver. Contudo, sem coragem de atentar contra si mesmo, imaginava uma morte gloriosa. Uma tentativa de salvamento, talvez.

Confidenciava seu intento a Lázaro, colega de corporação e espírita convicto. O companheiro tentava dissuadi-lo da ideia errônea e dizia com veemência:

— Tanto faz ser herói ou não. É suicídio do mesmo jeito.

Jacinto retrucava, desanimado:

— Resolvo meu problema.

Lázaro insistia e argumentava;

– Não resolve, complica. Ninguém tem o direito de tirar a própria vida. É preciso enfrentar as dificuldades com esperança e fé em Deus, para chegar ao mundo espiritual com paz na consciência.

Jacinto ouvia o amigo, mas a ideia persistia. Algum tempo depois, quando participava de combate a incêndio de grande proporção em edifício desocupado, o bombeiro pensou que a oportunidade havia surgido. Apesar do protesto dos companheiros e com a justificativa de salvar vítimas, correu para o prédio em chamas.

Lázaro recebeu permissão para resgatá-lo. Quando o encontrou, Jacinto estava ajoelhado e cercado de labaredas. Ao ver o amigo, o bombeiro levantou-se e gritou:

– Salve a vítima!

O companheiro respondeu, irritado:

– Você sabe que não há ninguém aqui.

Jacinto, porém, juntou as mãos em atitude de súplica e falou, soluçando:

– Eu sou a vítima!

130
ESPERTEZA

Cap. V – 29

O funcionário estava insatisfeito com o emprego, mas não queria, ele próprio, deixá-lo. Passou, então, a tomar atitudes de confronto.

Atribulava colegas.

Engavetava ordens.

Desrespeitava horário.

Desatendia ordens.

Cultivava indisciplina.

Adiava decisões.

Atrasava serviço.

Faltava com frequência.

Maltratava clientes.

Não acatava os superiores.

Tanto infringiu as regras de trabalho, que acabou demitido. Perdeu o emprego por iniciativa da empresa, com anotações desabonadoras em seu prontuário.

*

É o que acontece com aquele que, desgostoso com a existência física, pretende abandoná-la pelas mãos de outrem. Ainda que consiga, a esperteza não é bem-sucedida, pois, no corpo material, perante a Lei Divina, cada um cuida da própria vida, e esta responsabilidade começa exatamente no desejo de viver.

131
O AUXILIAR

Cap. V – 30

Salvador Loureiro comandava a equipe de salvamento. Era cumpridor das obrigações. Sistemático. Rígido na disciplina.

Quando chegou ao local da enchente, viu que a situação não era fácil. Atravessar a correnteza forte. Retirar os moradores ilhados. Salvar seus animais e pertences.

Jurandir, auxiliar do comandante, logo avisou, ansioso:

– É suicídio.

Salvador, porém, respondeu com calma:

– Não é suicídio. É cumprimento do dever.

O resgate durou várias horas. Momentos de tensão. Lances de perigo. Atitudes heroicas.

Encerrada a tarefa, Jurandir aproximou-se do comandante e procurou conversa. Perguntava muito. Era insistente. Começou o diálogo:

— Poderíamos ter morrido.

— É verdade.

— Não teria sido suicídio?

— Só se você quisesse morrer.

— Nunca desejei isso.

— Então, não seria.

O auxiliar retraiu-se, pensativo. Queria, na verdade, que o chefe falasse de heroísmo. A conversa parecia encerrada, quando Jurandir, calado por algum tempo, voltou a dizer:

— Se eu tivesse morrido, o que seria?

Salvador, que conhecia bem o auxiliar, respondeu de imediato:

— Seria um morto que não terminou o serviço.

E encerrou o assunto.

132
BÊNÇÃOS

Cap. V – 30

Na ocasião da epidemia, o enfermeiro entregou-se integralmente ao trabalho, mesmo sabendo do risco alto para sua saúde.

> Percorria os bairros.
> Entrava nas casas.
> Dava orientações.
> Assistia os doentes.
> Fazia curativos.
> Amparava os debilitados.
> Aplicava medicamentos.

Dedicou-se tão intensamente ao socorro dos enfermos, que acabou contaminado.

> Doença grave.
> Febre alta.
> Estado comatoso.

Contudo, era tamanho o reconhecimento a seu trabalho, que inúmeras pessoas oravam com fervor por sua recuperação. Resistiu à doença. Sentiu-se revigorado. E, em pouco tempo, estava novamente em atividade.

*

Tal é a situação do seareiro do Evangelho que se sacrifica em favor do próximo. Desgasta o corpo e enfraquece a saúde, mas de todos os lados, do plano físico e da esfera invisível, jorram sobre ele miríades de bênçãos, dando-lhe o fortalecimento necessário ao prosseguimento do trabalho.

133
O CAJÁ-MANGA

Cap. V – 31

Daniel Custódio tinha sérias dificuldades. Andava torto. Balançava o corpo. Sofria dores. Era defeito de nascença e não havia o que fazer.

Apesar da situação precária, trabalhava como entregador e o serviço exigia-lhe frequentes caminhadas. Espírita estudioso, sabia que a condição atual era reflexo dos erros do passado e mostrava invejável resignação. Sua persistência no bem e a confiança no Alto eram motivo de admiração e comentários elogiosos.

— É exemplo para todos nós. Sacrifica-se pela família e pelo próximo – diziam uns.

— Temos de imitá-lo na fé e aceitação. É digno de respeito – acrescentavam outros.

O tempo passou. Certa ocasião, Jeremias, jovem recém-chegado à pequena cidade, quis conhecer Daniel.

Foi encontrá-lo, no final da tarde, descansando em banco da praça. Apresentou-se. Falou amenidades. Trocou sorrisos. Depois, mudou a conversa, constrangendo o entregador. Começou o diálogo perguntando:

— Quando anda, dói?

— Dói, mas eu suporto.

— O corpo entorta?

— Entorta, mas eu não caio.

— Também balança?

— Balança, mas eu me firmo.

— Fica envergonhado?

— Não, fico grato à Misericórdia Divina pela oportunidade de sofrer o que mereço. Meu passado é de muitas dívidas e, agora, corrijo meus desvios.

— O senhor é defeituoso, mas resistente. Parece árvore de cerrado.

— E você é bom moço, porém me lembra o cajá-manga.

Jeremias não escondeu a surpresa pela referência estranha e perguntou:

— Por que cajá-manga?

Daniel, desgostoso do interrogatório, encerrou o assunto com bom humor:

— É macio no começo, mas depois aparecem os espinhos.

134
Modelo

Cap. V – 31

O aluno passava por ásperas provações.

    Doença crônica.
    Dores articulares.
    Dificuldade para andar.
    Remédio insuficiente.
    Tratamento incompleto.
    Pouca alimentação.
    Moradia precária.
    Conflitos domésticos.

Contudo, não reclamava da situação. Além disso, era aluno aplicado e ainda encontrava disposição para socorrer os companheiros nas tarefas escolares.

    Ia à casa dos colegas.
    Privava-se do descanso.
    Sacrificava a saúde.

Pela dedicação aos outros e a conduta diante do sofrimento, recebeu homenagens de alunos e professores, sendo citado como modelo a ser seguido.

*

Meditemos no valor do exemplo. Quando suportamos com resignação as provas que o Alto nos destina e a dor não nos impede de ajudar o próximo, nossa conduta torna-se estímulo para que outros encontrem o caminho do bem.

135
A CANGA

Cap. VI – 1 e 2

O doutor Frederico Bastos era modelo de honradez. Advogado de talento. Profissional bem-sucedido. Fazendeiro de posse. Revoltado, no entanto, apesar da educação refinada.

Há algum tempo, passara por dolorosa provação: perdera o único filho em acidente de automóvel. Desde então, repudiou as noções religiosas que herdara dos pais. Não acreditava na vida futura e duvidava da justiça de Deus. Expressava suas ideias com palavras contundentes:

— A morte é causa perdida. É sentença transitada em julgado – dizia ele, usando a linguagem corrente em seu meio de trabalho.

Contudo, tinha grande apreço por um amigo espírita. Ernesto, velho companheiro das lides forenses, contestava o colega com firmeza:

— Não é isso, Frederico. A morte do corpo é apenas a porta para a vida espiritual. Você está revoltado e se afastou do Evangelho. Esqueceu Jesus, que chama a si os aflitos para lhes dar o consolo de Seus ensinamentos.

Aproveitavam o fim de semana na fazenda. Conversavam na varanda da casa, quando ouviram o carro de boi cantando e passando logo adiante. Frederico apontou um dos animais e relatou:

— Aquele boi é o melhor, mas era rebelde. Foi para o carro e ficou manso. A canga fez a mudança.

Ernesto, porém, interessado em ajudar o amigo, reatou a conversa e ponderou:

— Você tem tudo para ser o discípulo fiel do Evangelho. É inteligente, é culto, é homem de bem, mas a revolta atrapalha. Falta...

Frederico interrompeu a frase do companheiro e perguntou, irritado:

— Falta o quê?

Ernesto abraçou o amigo e respondeu, sorridente:

— Falta a canga.

136
O JUGO

Cap. VI – 1 e 2

O homem chegou ao Pronto-Socorro e provocou intensa movimentação. Estava mal.

Dor atroz.

Gemidos.

Aflição.

Palidez.

Suor frio.

Falta de ar.

Abatimento.

Estado precário.

O homem foi atendido e medicado rapidamente. Sentiu grande alívio, mas o médico explicou que, a partir daquele momento, deveria submeter-se aos rigores do tratamento, para que os sintomas não se repetissem e o bem-estar se prolongasse.

*

Tal situação também existe na experiência evolutiva, quando surgem inúmeras aflições, necessárias ao aperfeiçoamento do Espírito.

Doenças e inibições.

Conflitos e dificuldades.

Contudo, Jesus é o Divino Médico e oferece o aconchego de Sua bondade para aliviar o sofrimento dos que mourejam na luta da renovação íntima, convidando todos aqueles que estão aflitos e sobrecarregados a aceitarem, em seus caminhos, o jugo da lei de amor e caridade.

137
ASA QUEBRADA

Cap. VI – 3 e 4

Feliciano Costa recebera a notícia com amargura. Estava doente. Enfermidade grave. Previsão de sofrimento. Após a consulta médica, ficara com enorme desilusão. Tratamento apenas paliativo. Doença incurável.

Pedreiro conceituado, tivera de deixar a profissão. Em lágrimas, puxava da memória lances de sua vida. O trabalho duro. A conduta correta. A família bem-criada. Não se conformava. Sofria pela doença e pela situação.

– Por que eu? – indagava, transtornado.

Sempre fora temente a Deus. Frequentava os cultos e as obras sociais de tradicional religião. Agora, porém, parecia que lhe faltava algo. Não entendia a Bondade Divina. Queria explicações.

Certo dia, procurou velho amigo espírita. Juvenal abraçou-o com carinho. Feliciano entrou logo no assunto e, a certa altura, comentou:

— Leio no Evangelho que os aflitos são bem-aventurados. Estou sofrendo e não encontro consolo. Tenho pouco tempo de vida e as dores já apareceram.

Juvenal ouvia com atenção e o amigo continuou:

— Você é espírita e talvez possa me dizer alguma coisa que não conheço. Como haver bem-aventurança na aflição?

Juvenal tomou o braço do companheiro, enquanto caminhavam, explicando:

— O Espiritismo é o Consolador que Jesus prometeu. Veio para explicar o que não foi compreendido e ensinar o que não sabemos. Não vivemos uma só existência, e os erros cometidos em outras vidas exigem reparação. As reencarnações nos permitem alçar voo rumo à transformação moral. Quando você sabe por que sofre, fica aliviado.

O pedreiro escutava, calado. Chegaram a uma praça e viram, logo adiante, um pássaro com a asa quebrada. Juvenal aproveitou a oportunidade e comentou:

– Sua situação é parecida com a daquele passarinho.

Feliciano não entendeu a comparação. O amigo, porém, elucidou de imediato:

– Você quebrou a asa, no passado. Agora, arrasta-se no sofrimento, mas voltará a voar.

138
Aprendizes do bem

Cap. VI – 3 e 4

No período inicial do aprendizado, o professor transmitia conhecimentos de acordo com a compreensão dos alunos.

Apólogos explicativos.

Aplicações audiovisuais.

Exemplos concretos.

Cantigas simples.

Cartilhas e desenhos.

Painéis coloridos.

Recursos materiais.

Conhecimento dosado.

Folguedos instrutivos.

Excursões.

O professor atuava com dedicação, mas explicou que, no curso, mais adiante, outros professores repetiriam as lições e ensinariam muitas coisas novas.

*

Foi o que aconteceu com o Evangelho. O Cristo anunciou a Boa Nova de acordo com o entendimento de sua época, mas prometeu que, no futuro, o Espírito de Verdade traria novas revelações.

O Espiritismo é o Consolador prometido por Jesus e, entre tantos ensinamentos, reforça a necessidade de renovação íntima, a fim de que nós, os aprendizes do bem, não fiquemos em atraso na escola da evolução.

139
A CASA

Cap. VI – 5

Felício Brandão era homem de letras. Escritor conhecido. Cultura admirada. Verbo fluente. Espírita havia muitos anos, acumulara extenso conhecimento doutrinário. Dava palestras. Publicava livros. Participava de simpósios.

Contudo, só se interessava pela atividade intelectual. Não frequentava a assistência fraterna e raramente comparecia às reuniões de Evangelho. Olavo, o confrade mais íntimo, dizia-lhe com preocupação:

– O estudo e o amor ao próximo têm de andar juntos. Você sabe onde estudar. Agora, busque o aprendizado do amor, que começa na família e prossegue no próximo distante.

O escritor, no entanto, não alterava os hábitos. Quando foi convidado a proferir importante conferência, Felício escolheu, como tema, as pesquisas científicas no Espiritismo. Enumerou experiências. Citou autores. Expôs argumentos. Por fim, encerrou a palestra, afirmando com veemência:

– O amor e o conhecimento são os pilares que sustentam o edifício da evolução. Quando falta um deles, a casa cai.

Após o término da reunião, Olavo foi cumprimentar o amigo e comentou:

– Bela conferência, mas no final fiquei preocupado.

O conferencista não entendeu, e o companheiro logo explicou:

– O exemplo dos pilares, da casa que cai.

Felício franziu o cenho e perguntou, seco:

– Por que a preocupação?

Olavo sorriu e respondeu, irônico:

– Achei que você ia cair.

140
O CONSOLADOR

Cap. VI – 5

Os jovens receberam as instruções para o passeio e também a promessa de socorro, caso necessário. Em seguida, puseram-se a caminho, rumo a extenso parque.

Contudo, durante a excursão, surgiram as dificuldades.

Opiniões conflitantes.

Interesses pessoais.

Esquecimento das instruções.

Falta de apoio mútuo.

Divergências tolas.

Logo, os jovens descobriram que se haviam afastado das recomendações e estavam perdidos. Aguardaram o socorro. Em pouco tempo, helicópteros sobrevoaram a região e os homens incumbidos do salvamento agiram com presteza.

Desceram na clareira.

Deram esclarecimentos.

Repetiram as orientações.

Ensinaram novas providências.

Protegeram o caminho de volta.

Os jovens ficaram tranquilos. A promessa do socorro havia sido cumprida.

*

Algo parecido ocorre com nossa vida.

Após o anúncio do Evangelho, também nos perdemos no percurso da evolução.

Esquecemos a Boa Nova.

Deturpamos a palavra divina.

Desviamo-nos do bom caminho.

O Cristo, no entanto, havia prometido, para mais tarde, um socorro que daria consolo, repetiria Suas lições e ensinaria novas coisas. Allan Kardec, inspirado pelo Espírito de Verdade, cumpriu a promessa de Jesus.

O Espiritismo é o Consolador.

141
A BROCA

Cap. VI – 6

Quinca Medeiros era homem disciplinado e trabalhador competente. Funcionário de metalúrgica, tornara-se exímio cortador de metais e usava a broca com habilidade. Era profissional de prestígio.

Contudo, após o acidente, tudo mudou. Quinca perdeu ambas as pernas e um braço. Machucou-se bastante. Mutilado e afastado do serviço, recolheu-se a sofrida solidão. Não se conformava com seu estado.

Religioso por tradição, pouco conhecia a respeito da dor e do sofrimento no mundo. Queria entender o que lhe acontecera. Sabendo que seu médico era espírita, tocou no assunto. Perguntou ao doutor Eustáquio se o Espiritismo teria alguma explicação para tamanha infelicidade.

Começou a conversa, dizendo com tristeza:

– Sei que é a vontade de Deus. Por quê?

O médico respondeu com bondade:

– É expiação. Vivemos várias existências. As dores de hoje são consequência dos erros cometidos em vidas passadas.

Quinca comentou, abatido:

– É muito sofrimento.

Eustáquio, porém, tentava animá-lo:

– A dor é transitória. Os que agora sofrem com resignação encontram a paz e a felicidade na vida futura. Vou fazer uma comparação que você conhece. O sofrimento é espécie de broca que vai cortando o metal ruim de nossas inferioridades. Prepara-nos para a perfeição.

O metalúrgico ficou pensativo. Depois, falou, desanimado:

– Sei o que me aconteceu. Erraram comigo.

E ante a surpresa do médico, completou com convicção:

– Usaram uma broca grande demais.

142
CONSCIÊNCIA REDIMIDA

Cap. VI – 6

O garimpeiro realizava, diariamente, o trabalho estafante.

Descia ao fundo da mina.

Cavava túneis.

Removia a terra.

Separava o cascalho.

Sujava-se de lama.

Machucava as mãos.

Prejudicava a saúde.

Enfrentava dificuldades.

Entretanto, após longo tempo de sacrifício, encontrou as pedras preciosas. Deixou, então, o garimpo escuro e passou a viver em lugar aprazível, onde a claridade do sol era certeza de alegria.

*

Também o Espírito faz penosa trajetória.

Desce ao vale da encarnação.

Remove o pedregulho das inferioridades.

Contudo, depois de prolongado período de renovação íntima, quando descobre as gemas rutilantes do bem, o Espírito liberta-se do cativeiro material e retorna ao mundo invisível, onde sua consciência redimida reflete a luz resplendente da paz e da felicidade.

143
O JORNALISTA

Cap. VI – 6

Segismundo Gomes exerce o jornalismo com competência. Culto. Criativo. Hábil na pena.

Era homem correto, mas revoltado. Alimentava forte antipatia aos afortunados do mundo. Publicava artigos virulentos. Condenava os ricos.

Pouco valiam as ponderações de colegas mais velhos que aconselhavam moderação e bom senso. Segismundo continuava a pôr no papel as críticas ácidas, até o dia em que não pôde mais escrever. Irreversível enfermidade no cérebro cortou-lhe as possibilidades de trabalho. Afastou-se do serviço. E, na solidão do retiro compulsório, consumia-se em revolta.

– Doença ingrata – dizia ele a Moisés, uma das poucas amizades que cultivava. O amigo, conhecedor do Espiritismo, passava-lhe explicações:

– Ninguém sofre por acaso. Cada dor, neste mundo, tem sua razão de ser. A Doutrina Espírita ensina que vivemos várias encarnações no corpo material. Com toda a certeza, no passado, sua inteligência foi mal utilizada e, às vezes, os erros de outrora são corrigidos, hoje, através de enfermidades. Não se desanime. Esta é a razão de sua prova. Tenha calma e agradeça a Deus.

O jornalista prestava atenção e parecia absorver os ensinamentos. Entretanto, lamentou com amargura:

– Logo o cérebro...

O companheiro sorriu e comentou com bondade:

– Você sempre fustigou os ricos e agora está fustigando a si mesmo.

Segismundo levantou as sobrancelhas e perguntou, intrigado:

– E o que tem isso a ver comigo?

Moisés segurou as mãos do enfermo e falou, sorrindo:

– Você é rico de talento.

144
BÊNÇÃOS DO SENHOR

Cap. VI – 6

Quando o bombeiro entrou na casa em chamas, foi atingido pelos escombros. Contudo, apesar de ferido, não abandonou o trabalho.

Aguentou a dor.

Arrastou-se com dificuldade.

Enfrentou as labaredas.

Suportou a fumaça.

Encontrou os moradores.

Socorreu as vítimas.

Carregou a criança.

Saiu a tempo do local em perigo.

Cumpriu a missão.

Salvou a todos.

O bombeiro, que superou a dor dos ferimentos e ajudou os que precisavam dele, recebeu dos superiores demonstrações de apreço e significativa homenagem, sendo agraciado com a medalha do mérito, pelo heroísmo e pela disposição firme de auxiliar o próximo.

*

Deus nos cria frágeis, mas dá a oportunidade do fortalecimento, através do aprendizado e do amor, quando nós mesmos traçamos nosso destino.

Nos caminhos da evolução, aprendemos e sofremos na busca do autoaperfeiçoamento. E nesse trajeto, se carregamos os fardos da provação e não esquecemos os irmãos necessitados, então teremos compreendido o significado do bem e, cheios de paz e alegria, seremos favorecidos pelas bênçãos do Senhor.

145
INVENÇÃO

Cap. VI – 7

Cininha Pimenta era conhecida no bairro. Baixa estatura. Passos miúdos. Conversa acelerada. Curiosa, andava por todo lado, de casa em casa, informando-se de tudo na vizinhança. Levava e trazia notícias.

Esposa e mãe extremosa, cuidava da família com responsabilidade. Era bordadeira de fama. Contudo, apesar das qualidades, tinha forte compulsão à mentira. Falseava os fatos e inventava casos com grande facilidade. Tinha a arte de convencer os outros de que os relatos eram verdadeiros.

Quando, em triste acidente, perdeu o filho mais novo, Cininha mudou. Não mais saiu de casa. Abateu-se. Parou de conversar. Nessa ocasião, teve assistência constante de prima dedicada que professava o Espiritismo. Embora não residisse perto, Maria Célia fazia-lhe frequentes visitas, quando a convidava para receber auxílio espiritual na instituição em que trabalhava. Seria conforto para o momento e também oportunidade para que se renovasse interiormente e deixasse de mentir.

Dizia-lhe com insistência:

– O mundo é impotente para lhe dar consolo. Entregue-se a Jesus, que é o médico de nossa alma. Ore e espere o apoio do Alto.

Após um período de relutância, Cininha aceitou o convite e passou a frequentar o Centro Espírita. Transformou-se pouco a pouco. Recuperou o ânimo. Voltou a sorrir e a trabalhar. Algum tempo depois, porém, não foi mais à instituição.

Quando regressou de prolongada viagem, Maria Célia soube da ausência da prima. Perguntou-lhe o motivo. A bordadeira respondeu rápido:

– Frequento outro lugar. Vou lá três vezes na semana. Assisto às reuniões, trabalho na sopa e costuro agasalhos para as crianças. Estou muito feliz.

Maria Célia se surpreendeu com tamanha mudança, mas ficou satisfeita.

Na semana seguinte, foi ao local indicado para se encontrar com Cininha. Ninguém a conhecia. Era tudo invenção.

146
FILHOS PREDILETOS

Cap. VI – 7

A criança era a mais frágil e necessitada dentre todos os familiares.

Doença irreversível.

Corpo franzino.

Atenção diminuída.

Entendimento baixo.

Fala alterada.

Movimentos desordenados.

Dificuldade para andar.

Ausência de juízo crítico.

Inteligência rebaixada.

Conduta imprevisível.

Entretanto, a criança recebia vários tratamentos,

que aceitava sem resistência. A Ciência fora impotente para lhe oferecer o alívio da cura definitiva, mas a família lhe deu acolhimento especial com todo o amor e estímulo, para que pudesse viver com dignidade e conforto.

*

Algo parecido acontece conosco.

Somos fracos diante das dificuldades, sofremos com amargura as provações mais dolorosas, sentimo--nos oprimidos pela intensidade dos conflitos íntimos.

Contudo, se aceitamos com resignação os ditames da Justiça Divina, somos os filhos prediletos do Senhor, que nos afaga o coração e nos dá o estímulo necessário para que nossos passos trôpegos, nos caminhos da evolução, tomem o rumo da paz e da felicidade.

147
COISINHA

Cap. VI – 8

Dorotéia Gomes sofria de palpitações e dores no corpo. Solteira e com a idade já rondando a madureza avançada, vivia muito só e entregue às preocupações com a saúde. Comunicativa, era balconista competente, na área do comércio.

Visitava frequentemente os médicos, mas ficava frustrada com o resultado dos exames. Reclamava, indignada:

– Imagine, eles dizem que não tenho nada, que é emoção, mas eu sinto o mal-estar.

-Foi nessa ocasião que Letícia fez a ela o convite para trabalhar na assistência fraterna que frequentava. Falou firme:

– Esqueça um pouco de si mesma e dedique um

tanto de tempo ao próximo em necessidade. O devotamento e a abnegação são importantes na vida.

Dorotéia aceitou a sugestão. Entregou-se às tarefas da sopa semanal. Ajudava na cozinha. Organizava os assistidos. Aconselhava as crianças. Conversava com os adultos. Amparava os idosos. Em pouco tempo, assumiu novas responsabilidades na assistência. Cumpria seu dever fielmente e não mais reclamou das doenças.

Letícia, que pertencia a outro setor, encontrou-a e comentou, sorridente:

— Estou feliz por você. Seu trabalho persistente e abnegado lhe faz bem. O coração está calmo, e o corpo, livre do mal-estar.

Dorotéia assentiu com a cabeça, mas ponderou, pensativa:

— Ainda falta uma coisinha.

E, ante o silêncio surpreso da amiga, falou, convicta:

— As rugas ainda não sumiram.

148
Consolo

Cap. VI – 8

O ônibus escolar seguia pela estrada, lotado de crianças em excursão de aprendizado. De repente, aconteceu a dificuldade.

> Defeito mecânico.
> Interrupção da viagem.
> Professores preocupados.
> Alunos aflitos.
> Ausência de solução imediata.

Avisado, o diretor da escola agiu com rapidez, para resolver a situação.

> Providenciou o socorro.
> Compareceu ao local.
> Confortou os passageiros.
> Transmitiu firmeza.
> Ajudou a superar problemas.

A presença do diretor aliviou a todos e permitiu que a excursão prosseguisse em clima de confiança e entusiasmo.

*

Também somos alunos na escola da evolução. Aprendemos, pouco a pouco, as lições da transformação moral, e os tropeços do caminho trazem inúmeros sofrimentos.

Contudo, a presença da Misericórdia Divina em nossos passos é a certeza do consolo a nossas dores, pois, ao lado de cada lágrima de aflição, Deus coloca sempre o bálsamo de seu amor.

Pratique o *"Evangelho no Lar"*

ideeditora.com.br

Acesse e cadastre-se para receber
informações sobre nossos lançamentos.

IDE Editora é apenas um nome fantasia utilizado pelo INSTITUTO DE DIFUSÃO ESPÍRITA, entidade sem fins lucrativos, que promove extenso programa de assistência social, e que detém os direitos autorais desta obra.